法治之治
新时代全面依法治国十一讲

秦 强 ◎ 编著

人民日报出版社
北 京

图书在版编目（CIP）数据

法治之治 / 秦强编著 . -- 北京：人民日报出版社，2022.8
ISBN 978-7-5115-7400-8

Ⅰ．①法… Ⅱ．①秦… Ⅲ．①社会主义法治－研究－中国 Ⅳ．① D920.0

中国版本图书馆 CIP 数据核字 (2022) 第 115495 号

书　　　名：	法治之治 FAZHI ZHIZHI
作　　　者：	秦　强
出 版 人：	刘华新
责任编辑：	程文静　靳婷云
装帧设计：	元泰书装
出版发行：	人民日报出版社
社　　　址：	北京金台西路 2 号
邮政编码：	100733
发行热线：	（010）65369509　65369512　65363531　65363528
邮购热线：	（010）65369530
编辑热线：	（010）65363530
网　　　址：	www.peopledailypress.com
经　　　销：	新华书店
印　　　刷：	大厂回族自治县彩虹印刷有限公司
法律顾问：	北京科宇律师事务所 010-83622312
开　　　本：	710mm×1000mm　　1/16
字　　　数：	185 千字
印　　　张：	13
版　　　次：	2023 年 7 月第 1 版
印　　　次：	2023 年 7 月第 1 次印刷
书　　　号：	ISBN 978-7-5115-7400-8
定　　　价：	42.00 元

前 言

新时代推进全面依法治国的根本遵循和行动指南

法治是人类文明进步的重要标志,是治国理政的基本方式,是推进中国式现代化的重要保障,是中国共产党和中国人民的不懈追求。法治兴则国兴,法治强则国强。① 从地位作用上看,全面依法治国是坚持和发展中国特色社会主义的本质要求,是实现国家治理体系和治理能力现代化的必然要求,事关我们党执政兴国,事关人民幸福安康,事关党和国家长治久安。从全面依法治国与新时代中国特色社会主义建设的关系来看,中国特色社会主义法治是中国特色社会主义的重要组成部分,是中国特色社会主义事业发展前进的基本保障。从坚持中国特色社会主义政治发展道路到有序推进政治体制改革,从创建社会主义市场经济体制到加快转变经济发展方式,从加强社会主义文化强国建设到保障和改善民生、加强生态文明建设,无一能离开法治的指导和保障作用。在这个意义上,加快建设社会主义法治国家,发展社会主义政治文明,推进社会主义政治体制改革,既是我国全面深化改革中不可或缺的核心环节,同时也是党和国家事业发展中必不可少的重要保障。

一、以前所未有的力度推进全面依法治国

从发展过程上看,中国特色社会主义法治建设的形成和发展经过了一个长久的历史过程,每一个发展阶段都体现着党和国家领导人治国理政的基本理念,

---

① 《中共中央印发 法治中国建设规划(2020—2025年)》,《人民日报》2021年01月11日。

凝聚和反映着不同历史时期的时代精神和社会发展要求。中国特色社会主义法治是新中国成立70多年来中国共产党艰辛探索依法执政基本规律的智慧凝结，是改革开放40多年来党领导人民进行中国特色社会主义建设的重大成就和经验结晶。在阶段上，中国特色社会主义法治建设主要经历了四个时期。

第一，奠基萌芽时期。 1978年12月13日，邓小平同志第一次明确提出："为了保障人民民主，必须加强法制建设。必须使民主制度化、法律化，使这种制度和法律不因领导人的改变而改变，不因领导人的看法和注意力的改变而改变。"[①] 这就为以后的中国特色社会主义法治建设确定了基调，奠定了基础。党的十一届三中全会后，党中央又进一步提出了"健全社会主义民主，加强社会主义法制"的目标，确定了"有法可依，有法必依，执法必严，违法必究"的社会主义法制建设方针，为中国特色社会主义法治建设确立了制度依据，明确了任务方向。

第二，发展成长时期。 1997年9月，江泽民同志在党的十五大报告中第一次明确指出："依法治国，是党领导人民治理国家的基本方略。"把依法治国作为治国方略，标志着中国共产党在执政方式和治国理念上取得了重大进展和历史性突破。1999年3月15日，九届全国人大二次会议通过了宪法修正案，把"依法治国，建设社会主义法治国家"写进了宪法，标志着中国特色社会主义法治正式成为党和国家事业中的有机组成部分和重要奋斗目标，同时也标志着中国特色社会主义法治建设进入了新的历史时期。

第三，基本形成时期。 2002年11月14日，党的十六大修改《中国共产党章程》，增写了"依法治国，建设社会主义法治国家"的内容。党的十六大以后，以胡锦涛同志为总书记的党中央高度重视中国特色法律体系建设，认真践行社会主义法治理念，全面推进依法治国基本方略的实施，坚持党的领导、人民当家作主和依法治国的有机统一，有力推动了中国特色社会主义法治建设的继续前进。2011年10月27日，《中国特色社会主义法律体系》白皮书的公布，宣

---

① 《邓小平文选》第二卷，人民出版社1994年版，第146页。

告了中国特色社会主义法律体系的正式形成，标志着中国特色社会主义法治建设迈上了新台阶。

第四，全面实施时期。 党的十八大以后，以习近平同志为核心的党中央奋发图强、厉行法治，将全面依法治国纳入"四个全面"战略布局，推动法治建设取得历史性进展。2014年10月20日，中国共产党十八届四中全会首次以全会的形式专题研究部署全面推进依法治国这一基本治国方略，通过的《中共中央关于全面推进依法治国若干重大问题的决定》（以下简称《决定》）明确提出，坚持走中国特色社会主义法治道路，建设中国特色社会主义法治体系，标志着中国特色社会主义法治建设迈入了新的发展实施阶段。2020年11月16日召开的中央全面依法治国工作会议，第一次明确提出了习近平法治思想，确定了习近平法治思想在全面依法治国中的指导地位。习近平法治思想是顺应实现中华民族伟大复兴时代要求应运而生的重大理论创新成果，是马克思主义法治理论中国化时代化最新成果，是习近平新时代中国特色社会主义思想的重要组成部分，是对党领导法治建设丰富实践和宝贵经验的科学总结，是新时代推进全面依法治国的根本遵循和行动指南。坚持全面依法治国，建设社会主义法治国家，关键要学习领会习近平法治思想，吃透基本精神、把握核心要义、明确工作要求，切实把习近平法治思想贯彻落实到全面依法治国全过程和各方面。

从最初的社会主义法制建设到中国特色社会主义法律体系建设，再到当前的中国特色社会主义法治体系建设，中国法治建设已经走过了40多年的历史进程，在这40多年中，中国的现代化建设取得了巨大成就，中国共产党在执政方式和治国理念上也积累了宝贵的经验，取得了重大进展，最终明确了"依法执政，既要求党依据宪法法律治国理政，也要求党依据党内法规管党治党"的执政方式和治理理念。[①] 特别是党的十八大以来，以习近平同志为核心的党中央高度重视法治建设，把依法治国确定为党领导人民治理国家的基本方略，把依法执政确定为党治国理政的基本方式，大力推进社会主义法治建设，稳步推进法治政

---

① 《中共中央关于全面推进依法治国若干重大问题的决定》，《人民日报》2014年10月29日。

府建设，积极完善司法体制，不断增强全社会法治观念，中国特色社会主义法治建设取得了历史性成就和突破性进展。全面依法治国是我们党从坚持和发展中国特色社会主义全局出发、为更好地进行治国理政提出的重大战略任务，是事关我们党执政兴国的一个全局性问题。落实好这项重大战略任务，对推动经济持续健康发展、维护社会和谐稳定、实现社会公平正义，对完成第二个百年奋斗目标、实现中华民族伟大复兴的中国梦，都具有十分重大的意义。

首先，坚持全面依法治国是习近平新时代中国特色社会主义思想的重要内容。 党的十八大以来，面对新危险新考验新形势，以习近平同志为核心的党中央高举中国特色社会主义伟大旗帜，励精图治、攻坚克难，改革发展稳定、内政外交国防、治党治国治军全方位推进，提出了一系列治国理政新理念新思想新战略，进行了一系列新实践新探索新创造，使得党和国家的各项事业都蓬勃发展，焕然一新，在此基础上形成了习近平新时代中国特色社会主义思想。习近平总书记高度重视法治建设，发表了一系列重要讲话，将全面依法治国纳入"四个全面"战略布局，有力指导推进了国家治理体系和治理能力现代化，深刻阐明了法治在统筹社会力量、平衡社会利益、调节社会关系、规范社会行为上的重要作用，指出了法治对党和国家发展的根本性、战略性、全局性意义。这些重要讲话是指导新时期全面依法治国的纲领性文件，是习近平新时代中国特色社会主义这些思想的重要内容，也是做好新时代中国特色社会主义法治建设的根本遵循。

其次，坚持全面依法治国是坚持和发展中国特色社会主义的必然选择。 我国正处于社会主义初级阶段，改革进入攻坚期和深水区，国际形势复杂多变，我们党面对的改革发展稳定任务之重前所未有，矛盾风险挑战之多前所未有，在这种背景下，全面依法治国在党和国家工作全局中的地位更加突出、作用更加重大。全面依法治国是深刻总结我国社会主义法治建设成功经验和深刻教训作出的重大抉择，是全面建成社会主义现代化国家和全面深化改革开放的重要保障，是着眼于实现中华民族伟大复兴中国梦、实现党和国家长治久安的长远考虑。"文化大革命"十年内乱使法制遭到严重破坏，付出了沉重代价，教训十分惨痛。历史的经验和教训使我们深刻认识到，法治兴则国家兴、法治衰则国家乱，奉法者强则国强、奉法者弱则国弱。因此，必须把依法治国摆在更加突出的位置，依靠法治来解决矛盾、推动发展，提高党的执政能力和执政水平，完善和发展中国特色社会主义制度。在中国特色社会主义进入新时代后，需要把全面依法治国战略举措放在"四个全面"的总体布局中来把握。在全面建成小康社会的历史任务完成后，我们已经乘势而上开启全面建设社会主义现代化国家的新征程，而全面依法治国则是实现全面建设社会主义现代化国家战略目标的基本方式、可靠保障，在新"四个全面"战略布局中处于支撑地位。

最后，坚持全面依法治国是推进国家治理体系和治理能力现代化的重要方式。法律是治国之重器，良法是善治之前提。全面依法治国，不仅是国家治理现代化的主要内容，而且是推进国家治理现代化的重要途径和基本方式，对实现国家治理现代化具有引领、规范、促进和保障等重要作用。全面依法治国，是解决党和国家事业发展面临的一系列重大问题、解放和增强社会活力、促进社会公平正义、维护社会和谐稳定、确保党和国家长治久安的根本要求。只有全面依法治国，充分发挥法治的引领和规范作用，才能更好地实现经济发展、政治清明、文化昌盛、社会公正、生态良好，推动经济社会持续健康发展，推进国家治理体系和治理能力的现代化，以法治现代化引领和保障中国式现代化。

二、把习近平法治思想贯彻落实到全面依法治国全过程和各方面

党的十八大以来，以习近平同志为核心的党中央以前所未有的力度推进全面依法治国，坚持依法治国、依法执政、依法行政共同推进，坚持法治国家、法治政府、法治社会一体建设，坚持依法治国和以德治国相结合，坚持依法治国和依规治党有机统一，抓住科学立法、严格执法、公正司法、全民守法关键环节，加快推进中国特色社会主义法治体系建设。法律规范体系、法治实施体系、法治监督体系、法治保障体系和党内法规体系建设相互促进、共同发展，社会主义法治国家建设取得了历史性成就。

习近平总书记高度重视法治学习。十八届中央政治局集体学习中，涉及依法治国主题的就有3次，分别是2013年2月就全面推进依法治国进行第四次集体学习；2015年3月就深化司法体制改革、保证司法公正进行第二十一次集体学习；2016年12月就我国历史上的法治和德治进行第三十七次集体学习。2017年"五四"前夕，习近平总书记到中国政法大学考察并发表重要讲话，强调指出全面推进依法治国是一项长期而重大的历史任务，要坚持中国特色社会主义法治道路，坚持以马克思主义法学思想和中国特色社会主义法治理论为指导，立德树人，德法兼修，培养大批高素质法治人才。① 党的十九大之后，中共中央政治局于2018年2月24日就我国宪法和推进全面依法治国举行第四次集体学习。习近平总书记在主持学习时强调，决胜全面建成小康社会、开启全面建设社会主义现代化国家新征程、实现中华民族伟大复兴的中国梦，推进国家治理体系和治理能力现代化、提高党长期执政能力，必须更加注重发挥宪法的重要作用。要坚持党的领导、人民当家作主、依法治国有机统一，加强宪法实施和监督，把国家各项事业和各项工作全面纳入依法治国、依宪治国的轨道，把实施宪法提高到新的水平。

习近平总书记高度重视法治建设，做出了一系列重大部署。党的十八届、十九届中央历次全会，都从治国理政、执政兴国的战略高度对依法治国进行了规划部署。党的十八届四中全会专题研究全面依法治国的重大问题，审议通过《中共中央关于全面依法治国若干重大问题的决定》，提出全面依法治国的总目标是建设中国特色社会主义法治体系，建设社会主义法治国家。这个决定是我们党历史上第一个关于加强法治建设的专门决定，首次将党内法规体系与国家法律法规体系并列起来，一起作为管党治党、治国理政的基本方式，在中国法治发展史上具有划时代的里程碑意义。在党的十八届四中全会第二次全体会议上，习近平总书记发表重要讲话强调，全面依法治国是我们党从坚持和发展中国特色社会主义出发、为更好治国理政提出的重大战略任务，也是事关我们党

---

① 习近平：《论坚持全面依法治国》，中央文献出版社2020年版，第174页。

执政兴国的一个全局性问题。2015年2月，习近平总书记在省部级主要领导干部专题研讨班上再次强调，各级领导干部在推进依法治国方面肩负着重要责任，全面依法治国必须抓住领导干部这个"关键少数"。2018年3月10日，习近平同志参加十三届全国人大一次会议重庆代表团的审议时强调，法律是党政领导干部都要具备的基本知识体系的基本组成部分。

2017年10月18日，在党的十九大上，习近平总书记指出，全面依法治国是中国特色社会主义的本质要求和重要保障，必须把党的领导贯彻落实到依法治国全过程和各方面，坚定不移走中国特色社会主义法治道路，完善以宪法为核心的中国特色社会主义法律体系，建设中国特色社会主义法治体系，建设社会主义法治国家，发展中国特色社会主义法治理论，坚持依法治国、依法执政、依法行政共同推进，坚持法治国家、法治政府、法治社会一体建设，坚持依法治国和以德治国相结合，依法治国和依规治党有机统一，深化司法体制改革，提高全民族法治素养和道德素质。

2018年1月19日，在党的十九届二中全会上，习近平总书记指出，我们党高度重视宪法在治国理政中的重要地位和作用，明确坚持依法治国首先要坚持依宪治国，坚持依法执政首先要坚持依宪执政，把实施宪法摆在全面依法治国的突出位置，采取一系列有力措施加强宪法实施和监督工作，为保证宪法实施提供了强有力的政治和制度保障。为更好发挥宪法在新时代坚持和发展中国特色社会主义中的重大作用，需要对宪法作出适当修改，把党和人民在实践中取得的重大理论创新、实践创新、制度创新成果上升为宪法规定。

2018年2月26日，在党的十九届三中全会上，习近平总书记指出，深化党和国家机构改革是推进国家治理体系和治理能力现代化的一场深刻变革。党和国家机构职能体系是中国特色社会主义制度的重要组成部分，是我们党治国理政的重要保障。要完善党和国家机构法规制度，依法管理各类组织机构，加快推进机构、职能、权限、程序、责任法定化，全面推行政府部门权责清单制度，规范和约束履职行为，让权力在阳光下运行，强化机构编制管理刚性约束，加大机构编制违纪违法行为查处力度。①

2019年10月28日，在党的十九届四中全会上，习近平总书记提出，坚持和完善中国特色社会主义法治体系，提高党依法治国、依法执政能力。建设中国特色社会主义法治体系、建设社会主义法治国家是坚持和发展中国特色社会主义的内在要求。必须坚定不移走中国特色社会主义法治道路，全面推进依法治国，坚持依法治国、依法执政、依法行政共同推进，坚持法治国家、法治政府、法治社会一体建设。要健全保证宪法全面实施的体制机制，完善立法体制机制，健全社会公平正义法治保障制度，加强对法律实施的监督。②

2020年2月5日，在中央全面依法治国委员会第三次会议上，习近平总书记强调，要在党中央集中统一领导下，始终把人民群众生命安全和身体健康放在第一位，从立法、执法、司法、守法各环节发力，全面提高依法防控、依法治理能力，为疫情防控工作提供有力法治保障。习近平总书记强调，各级党委和政府要全面依法履行职责，坚持运用法治思维和法治方式开展疫情防控工作，在处置重大突发事件中推进法治政府建设，提高依法执政、依法行政水平。各有关部门要明确责任分工，积极主动履职，抓好任务落实，提高疫情防控法治化水平，切实保障人民群众生命健康安全。③

2020年10月29日，在党的十九届五中全会上，习近平总书记提出，坚持法治国家、法治政府、法治社会一体建设，完善以宪法为核心的中国特色社会主义法律体系，加强重点领域、新兴领域、涉外领域立法，提高依法行政水平，完善监察权、审判权、检察权运行和监督机制，促进司法公正，深入开展法治宣传教育，有效发挥法治固根本、稳预期、利长远的保障作用，推进法治中国建设。促进人权事业全面发展。④

---

① 《中共中央关于深化党和国家机构改革的决定》，《人民日报》2018年03月05日。
② 《中共中央关于坚持和完善中国特色社会主义制度 推进国家治理体系和治理能力现代化若干重大问题的决定》，《人民日报》2019年11月06日。
③ 《习近平主持召开中央全面依法治国委员会第三次会议强调 全面提高依法防控依法治理能力 为疫情防控提供有力法治保障》，《人民日报》2020年02月06日。
④ 《中共中央关于制定国民经济和社会发展第十四个五年规划和二〇三五年远景目标的建议》，《人民日报》2020年11月04日。

党的十九大之后，为了全面推进依法治国，党中央决定组建中央全面依法治国委员会，从全局和战略高度对全面依法治国作出了一系列重大决策部署，推动我国社会主义法治建设发生了历史性变革、取得了历史性成就。2020年11月16日，党中央召开中央全面依法治国工作会议再次强调，推进全面依法治国要围绕建设中国特色社会主义法治体系、建设社会主义法治国家的总目标，坚持党的领导、人民当家作主、依法治国有机统一，以解决法治领域突出问题为着力点，坚定不移走中国特色社会主义法治道路，在法治轨道上推进国家治理体系和治理能力现代化，为全面建设社会主义现代化国家、实现中华民族伟大复兴的中国梦提供有力法治保障。① 这次会议最大的历史贡献是首次提出并系统阐述了习近平法治思想，强调习近平法治思想内涵丰富、论述深刻、逻辑严密、系统完备，从历史和现实相贯通、国际和国内相关联、理论和实际相结合上深刻回答了新时代为什么实行全面依法治国、怎样实行全面依法治国等一系列重大问题。②

习近平总书记在中央全面依法治国工作会议上发表的重要讲话，从统筹中华民族伟大复兴战略全局和世界百年未有之大变局、实现党和国家长治久安的战略高度，全面回顾了我国社会主义法治建设历程特别是党的十八大以来取得的历史性成就，明确提出了当前和今后一个时期推进全面依法治国的总体要求，用"十一个坚持"系统阐述了新时代推进全面依法治国的重要思想和战略部署，深入回答我国社会主义法治建设一系列重大理论和实践问题。③

这"十一个坚持"分别是：坚持党对全面依法治国的领导；坚持以人民为中心；坚持中国特色社会主义法治道路；坚持依宪治国、依宪执政；坚持在法治轨道上推进国家治理体系和治理能力现代化；坚持建设中国特色社会主义法治体系；坚持依法治国、依法执政、依法行政共同推进，法治国家、法治政府、法治

---

① 《习近平在中央全面依法治国工作会议上强调 坚定不移走中国特色社会主义法治道路 为全面建设社会主义现代化国家提供有力法治保障》，《人民日报》2020年11月18日。
② 同上。
③ 《坚持习近平法治思想——论学习贯彻习近平总书记在中央全面依法治国工作会议上重要讲话》，《人民日报》2020年11月20日。

社会一体建设；坚持全面推进科学立法、严格执法、公正司法、全民守法；坚持统筹推进国内法治和涉外法治；坚持建设德才兼备的高素质法治工作队伍；坚持抓住领导干部这个"关键少数"。这"十一个坚持"，既是重大工作部署，又是重大战略思想，是一个密不可分的有机整体，必须深入学习领会，抓好贯彻落实。①

　　从关系上看，这"十一个坚持"既各有侧重，又相互关联，共同构成了习近平法治思想的丰富内涵：坚持党对全面依法治国的领导是根本保证，全面依法治国在根本上要加强和改善党的领导，通过法治保障党的领导的有效实施；坚持以人民为中心是根本立场，全面依法治国必须坚持为了人民、依靠人民，用法治保障人民根本利益；坚持中国特色社会主义法治道路是根本方向，全面依法治国必须走中国特色社会主义道路，朝着中国特色社会主义方向前进；坚持依宪治国、依宪执政是最高准则，全面依法治国必须要依据宪法，在宪法法律范围内开展；坚持在法治轨道上推进国家治理体系和治理能力现代化是奋斗目标，只有全面依法治国才能有效保障国家治理体系和治理能力的现代化；坚持建设中国特色社会主义法治体系是总抓手，要加快形成完备的法律规范体系、高效的法治实施体系、严密的法治监督体系、有力的法治保障体系，形成完善的党内法规体系；坚持依法治国、依法执政、依法行政共同推进，法治国家、法治政府、法治社会一体建设是工作布局，全面依法治国是一个系统工程，要从系统性、整体性、协同性上来加以把握；坚持全面推进科学立法、严格执法、公正司法、全民守法是重点任务，完成了这四项重点任务，全面依法治国就有了抓手依托；坚持统筹推进国内法治和涉外法治是核心环节，涉及国内治理和国外治理的关系定位，涉及国家主权、安全和发展利益；坚持建设德才兼备的高素质法治工作队伍是重要基础，没有一支"忠于党、忠于国家、忠于人民、忠于法律"的工作队伍，法治建设就无从谈起；坚持抓住领导干部这个"关键少数"是关键因素，只有领导干部带头做到尊法学法守法用法，全面依法治国各项任务才能真正落

---

　　① 郭声琨：《深入学习宣传贯彻习近平法治思想　奋力开创全面依法治国新局面》，《人民日报》2020年12月21日。

到实处。

从性质上看,"十一个坚持"既是当前和今后一个时期推进全面依法治国需要重点抓好的十一个方面的工作要求,又构成了习近平法治思想的思想精髓、核心要义和基本要求。我们要全面准确学习领会习近平法治思想,牢牢把握全面依法治国政治方向、重要地位、工作布局、重点任务、重大关系、重要保障,切实在全面依法治国各项工作中加以贯彻落实。①

各级党组织和全体党员干部要把认真学习领会习近平法治思想作为当前和今后一个时期的一项重大政治任务,吃透基本精神、把握核心要义、明确工作要求,坚持习近平法治思想在全面依法治国中的指导地位,把习近平法治思想贯彻落实到全面依法治国各方面和全过程,更好转化为全面建设社会主义法治国家的生动实践。全体党员干部和广大人民群众要更加紧密地团结在以习近平同志为核心的党中央周围,深刻领悟"两个确立"的决定性意义,增强"四个意识"、坚定"四个自信"、做到"两个维护",坚持习近平法治思想,深入推进全面依法治国,不断开创新时代法治中国建设新局面,为全面建设社会主义现代化国家、全面推进中华民族伟大复兴而不懈奋斗。

三、开启深入推进新时代全面依法治国新征程

在中国特色社会主义进入新时代后,全面依法治国也被赋予了新的时代内涵,不仅是推进国家治理的重要途径和基本方式,而且还是国家治理的一场深刻革命,必须坚持厉行法治,深化依法治国实践,推进科学立法、严格执法、公正司法、全民守法。2022年10月16日,党的二十大首次将全面依法治国作为专章进行论述和专门部署,强调全面依法治国是国家治理的一场深刻革命,提出在法治轨道上全面建设社会主义现代化国家,这充分体现了以习近平同志为核心的党中央对全面依法治国的高度重视。首先,党的二十大报告把"社会主

---

① 《习近平在中央全面依法治国工作会议上强调 坚定不移走中国特色社会主义法治道路 为全面建设社会主义现代化国家提供有力法治保障》,《人民日报》2020年11月18日。

义法治国家建设深入推进，全面依法治国总体格局基本形成，中国特色社会主义法治体系加快建设，司法体制改革取得重大进展，社会公平正义保障更为坚实，法治中国建设开创新局面"，作为过去五年的工作和新时代十年的伟大变革的十六个方面重要成就之一；其次，党的二十大报告将习近平新时代中国特色社会主义思想的主要内容概括为"十个明确""十四个坚持""十三个方面成就"，并把习近平法治思想作为习近平新时代中国特色社会主义思想主要内容的重要组成部分，要求必须长期坚持并不断丰富发展；最后，党的二十大报告把"坚持全面依法治国，推进法治中国建设"作为推动党和国家事业发展的重大谋划部署，专门对法治建设进行专章论述和重点部署，强调要完善以宪法为核心的中国特色社会主义法律体系，扎实推进依法行政，严格公正司法，加快建设法治社会，充分显示了党中央对法治建设的高度重视。习近平法治思想作为深入推进全面依法治国的理论指导和实践指南，是习近平新时代中国特色社会主义思想的重要组成部分，也是开展中国特色社会主义法治建设的根本遵循和科学指南。

1. 把党的领导贯彻落实到依法治国全过程和各方面。我国宪法确立了中国共产党的领导地位。坚持党的领导，是社会主义法治的根本要求，是党和国家的根本所在、命脉所在，是全面推进依法治国的题中应有之义。党的领导是中国特色社会主义最本质的特征，是社会主义法治建设最根本的保证。因此，必须把党的领导贯彻落实到全面依法治国全过程和各方面，坚定不移走中国特色社会主义法治道路，完善以宪法为核心的中国特色社会主义法律体系，建设中国特色社会主义法治体系，建设社会主义法治国家，发展中国特色社会主义法治理论，坚持依法治国、依法执政、依法行政共同推进，坚持法治国家、法治政府、法治社会一体建设，坚持依法治国和以德治国相结合，依法治国和依规治党有机统一，深化司法体制改革，提高全民族法治素养和道德素质。对此，党中央决定成立中央全面依法治国委员会，以加强党对法治中国建设的统一领导。[①]

[①] 习近平：《论坚持全面依法治国》，中央文献出版社2020年版，第222页。

2. 把全面依法治国纳入"四个全面"战略布局。党中央从坚持和发展中国特色社会主义全局出发,提出并形成了全面建成小康社会(全面建设社会主义现代化国家)①、全面深化改革、全面依法治国、全面从严治党战略布局,开创性地把全面依法治国纳入"四个全面"战略布局,更加完整地展现出新一届中央领导集体治国理政总体框架,使当前和今后一个时期,党和国家各项工作关键环节、重点领域、主攻方向更加清晰,内在逻辑更加严密,为推动改革开放和社会主义现代化建设迈上新台阶提供了强力保障。在全面建成小康社会目标完成后,我们乘势而上开启了全面建设社会主义现代化国家新征程,全面依法治国仍然是新的"四个全面"战略布局的重要内容。实现中华民族伟大复兴,不仅指物质层面的民富国强,还包括实现制度和价值层面的文明复兴。法治是人类政治文明的重要成果,是现代制度文明的精华精髓,也是中华民族伟大复兴的重要保障与重大标志。全面依法治国是深刻总结我国社会主义法治建设成功经验和深刻教训作出的重大抉择,是全面建设社会主义现代化国家、实现中华民族伟大复兴中国梦的迫切需要。

3. 把社会主义核心价值观融入法治建设。法律是成文的道德,道德是内心的法律。法律作为社会行为的底线,是社会公德的固化和外化。党中央高度重视社会主义核心价值观建设,强调要坚持依法治国与以德治国相结合,把社会主义核心价值观融入法治建设,使德治和法治在国家治理中相互补充、相互促进、相得益彰。推动社会主义核心价值观入法入规,鲜明法律制度规范的正确价值导向,坚持运用法治手段激浊扬清、扶正祛邪,维护社会主流价值。法律法规要树立鲜明的价值取向,弘扬美德义行,立法、执法、司法都要体现社会主义道德要求,都要把社会主义核心价值观贯穿其中,努力使道德体系同社会主义法律规范相衔接、相协调、相促进,提高全社会文明程度,为全面依法治国创造良好人文环境。以法治体现道德理念、强化法律的规范作用,以道德滋养法治精神、强化道德对法治文化的支撑作用,能够实现法律和道德相辅相成、

---

① 2020年10月,党的十九届五中全会对"四个全面"战略布局作出新的表述,将"全面建成小康社会"调整为"全面建设社会主义现代化国家"。

相得益彰。①

4. 提高运用法治思维和法治方式的能力。2014年2月28日，习近平总书记在中央全面深化改革领导小组第二次会议上指出，凡属重大改革都要于法有据，在整个改革过程中，都要高度重视运用法治思维和法治方式，发挥法治的引领和推动作用，坚持法定职责必须为、法无授权不可为。党的十八届四中全会《决定》进一步要求"提高党员干部法治思维和依法办事能力"。法治思维是一种规则思维、程序思维，它以严守规则为基本要求，强调法律的底线不可逾越、法律的红线不能触碰，凡事必须在既定的程序及法定权限内运行。法治方式是运用法治思维处理和解决问题的行为方式。尊崇法治、敬畏法律是领导干部必须具备的基本素质。全面依法治国，要提高运用法治思维和法治方式深化改革、推动发展、化解矛盾、维护稳定的能力，努力推动形成办事依法、遇事找法、解决问题用法、化解矛盾靠法的良好法治环境，在法治轨道上推动各项工作。

5. 建设社会主义法治文化。党的十九大提出，必须弘扬社会主义法治精神，建设社会主义法治文化，这为推进法治社会建设提出了明确要求和重要任务。党的二十大进一步提出，弘扬社会主义法治精神，传承中华优秀传统法律文化，引导全体人民做社会主义法治的忠实崇尚者、自觉遵守者、坚定捍卫者。建设覆盖城乡的现代公共法律服务体系，深入开展法治宣传教育，增强全民法治观念。推进多层次多领域依法治理，提升社会治理法治化水平。发挥领导干部示范带头作用，努力使尊法学法守法用法在全社会蔚然成风。从一般意义上讲，精神和文化是支配人们日常行为的内在力量。任何东西，一旦升华为精神和文化，就会深深熔铸在人们的脑海里，牢牢扎根于人们的心灵中，自觉体现在人们的行为上。因此，文化自信是一个国家、一个民族发展中更基本、更深沉、更持久的力量。法治一旦升华为法治精神和法治文化，就会成为支配全社会成员法治行为的强大力量。从这个意义上讲，法治的生命不在于立法，而在于把法治精神、法治思维、法治观念熔铸到人们的头脑之中，体现在人们的日常行

---

① 习近平：《论坚持全面依法治国》，中央文献出版社2020年版，第166页。

为之中。推进中国特色社会主义法治建设，建设社会主义法治国家，必须大力弘扬社会主义法治精神，建设社会主义法治文化，使法治成为根植于人民群众内心的向往，成为固化在人民群众行为中的强大观念，成为一种社会生活方式和行为习惯。必须要加大全民普法力度，建设社会主义法治文化，树立宪法法律至上、法律面前人人平等的法治理念。各级党组织和全体党员要带头尊法学法守法用法，任何组织和个人都不得有超越宪法法律的特权，绝不允许以言代法、以权压法、逐利违法、徇私枉法。

6. 坚持依法治国和以德治国相结合。 法安天下，德润人心。坚持把依法治国和以德治国结合起来，高度重视道德对公民行为的规范作用，引导公民既依法维护合法权益，又自觉履行法定义务，做到享有权利和履行义务相一致。国家和社会治理，需要法律和道德共同发挥作用。党的十八届四中全会《决定》明确提出，加强公民道德建设，弘扬中华优秀传统文化，增强法治的道德底蕴。法的形成离不开道德，法律的制定必须体现道德的要求和精神。没有全社会思想道德水平的提高，法治建设的道德底蕴就不会浓厚，增强法治的道德底蕴就会失去坚实基础。现代社会，没有法律是万万不能的，但法律也不是万能的。法律是外在约束，是他律；道德是内在自觉，是自律。仅有法律的外在约束，缺失道德的内在自觉，即使是最严厉的外在约束，国家和社会也将难以治理。因此，要坚持依法治国和以德治国相结合，健全自治、法治、德治相结合的社会治理体系。对此，必须加强公民道德建设，提高全社会思想道德水平，引导人们树立正确的世界观、人生观、价值观，强化规则意识，倡导契约精神，弘扬公序良俗，在全社会形成知荣辱、讲正气、作奉献、促和谐的良好风尚。

7. 依据党内法规管党治党。 党内法规是中国特色社会主义法治体系的重要组成部分，既是管党治党的重要依据，也是建设社会主义法治国家的有力保障。党的十八大以来，以习近平同志为核心的党中央高度重视党内法规制度建设，强调法规制度带有根本性、全局性、稳定性、长期性，事关党长期执政和国家长治久安的重大战略任务，要加快构建以党章为根本、若干配套党内法规为支撑的党内法规制度体系，扎紧扎牢制度的笼子。党的十八届四中全会进一步将党内法规纳入中国特色社会主义法治体系之中，将"形成完善的党内法规体系"确立为全面推进依法治国总目标的重要内容。党的十八届五中全会把依规治党和依法治国作为党依法执政的两个轮子，要求全面提高党依据宪法法律治国理政、依据党内法规管党治党的能力和水平。党的十八届六中全会坚持思想建党和制度治党紧密结合，审议通过了《关于新形势下党内政治生活的若干准则》和修订后的《中国共产党党内监督条例》两部重要的党内法规，在党的历史上具有里程碑式的意义，再次凸显了党中央对党内法规的高度重视。党的十九大进一步提出，要全面增强依法执政本领，加快形成覆盖党的领导和党的建设各方面的党内法规制度体系，加强和改善对国家政权机关的领导。党的二十大报告进一步强调，要完善党的自我革命制度规范体系。坚持制度治党、依规治党，以党章为根本，以民主集中制为核心，完善党内法规制度体系，增强党内法规权威性和执行力，形成坚持真理、修正错误，发现问题、纠正偏差的机制。①

---

① 习近平：《高举中国特色社会主义伟大旗帜 为全面建设社会主义现代化国家而团结奋斗——在中国共产党第二十次全国代表大会上的报告》，《人民日报》2022年10月26日。

目　录

第一讲　坚持党对全面依法治国的领导

第一节　党的领导是推进全面依法治国的根本保证……………………001

第二节　党的领导和社会主义法治是一致的……………………………005

第三节　健全党领导全面依法治国的制度和工作机制…………………010

第二讲　坚持以人民为中心

第一节　人民是依法治国的主体和力量源泉……………………………014

第二节　执法为民是政法机关的根本宗旨………………………………024

第三节　构筑保障人民群众安居乐业的法治屏障………………………027

第三讲　坚持中国特色社会主义法治道路

第一节　全面推进依法治国，必须走对路………………………………030

第二节　运用法治思维和法治方式来深化改革、推动发展、化解矛盾、维护稳定..032

第三节　从我国革命、建设、改革的实践中探索适合自己的法治道路………039

第四讲　坚持依宪治国、依宪执政

　　第一节　依法治国首先要依宪治国 050

　　第二节　宪法必须随着实践发展而不断发展 054

　　第三节　为新时代中国特色社会主义提供宪法保障 056

第五讲　坚持在法治轨道上推进国家治理体系和治理能力现代化

　　第一节　推进全面依法治国是国家治理的一场深刻变革 063

　　第二节　全面依法治国是国家治理体系和治理能力现代化的重要体现 067

　　第三节　更好发挥法治固根本、稳预期、利长远的重要作用 069

第六讲　坚持建设中国特色社会主义法治体系

　　第一节　形成完备的法律规范体系 072

　　第二节　形成高效的法治实施体系 077

　　第三节　形成严密的法治监督体系 082

　　第四节　形成有力的法治保障体系 085

　　第五节　形成完善的党内法规体系 088

第七讲　坚持依法治国、依法执政、依法行政共同推进，法治国家、法治政府、法治社会一体建设

　　第一节　全面依法治国是一个系统工程 095

　　第二节　坚持系统治理、依法治理、综合治理、源头治理 099

　　第三节　不断提升全体公民法治意识和法治素养 103

第八讲　坚持全面推进科学立法、严格执法、公正司法、全民守法

　　第一节　全面推进科学立法 107

第二节　全面推进严格执法..................................113

　　第三节　全面推进公正司法..................................121

　　第四节　全面推进全民守法..................................127

第九讲　坚持统筹推进国内法治和涉外法治

　　第一节　协调推进国内治理和国际治理........................131

　　第二节　强化法治思维应对挑战、防范风险....................135

　　第三节　运用法治方式维护国家主权、安全、发展利益..........139

第十讲　坚持建设德才兼备的高素质法治工作队伍

　　第一节　各级党组织和全体党员要带头尊法学法守法用法........146

　　第二节　打造一支德才兼备、素质过硬的法治工作队伍..........154

　　第三节　把党的建设与法治工作队伍建设结合起来推进..........161

第十一讲　坚持抓住领导干部这个"关键少数"

　　第一节　抓"关键少数"是推进全面依法治国的关键环节........165

　　第二节　领导干部要做尊法学法守法用法的模范................174

　　第三节　把依规治党贯穿全面从严治党全过程..................178

后　记..185

第一讲　坚持党对全面依法治国的领导

党的领导是推进全面依法治国的根本保证。国际国内环境越是复杂，改革开放和社会主义现代化建设任务越是繁重，越要运用法治思维和法治手段巩固执政地位、改善执政方式、提高执政能力，保证党和国家长治久安。全面依法治国是要加强和改善党的领导，健全党领导全面依法治国的制度和工作机制，推进党的领导制度化、法治化，通过法治保障党的路线方针政策有效实施。

第一节　党的领导是推进全面依法治国的根本保证

党的十九大报告指出，"党政军民学，东西南北中，党是领导一切的"。党的二十大报告进一步提出，党的领导是全面的、系统的、整体的，必须全面、系统、整体加以落实。[①] 坚持依法治国，坚定不移地走中国特色社会主义法治道路，就必须要接受党的领导，把党的领导贯彻到法治中国建设的全过程和各方面，这是法治中国建设的基本遵循和重要保障。《法治中国建设规划（2020—2025年）》指出，建设法治中国，必须始终把党的领导作为社会主义法治最根本的保证，把加强党的领导贯彻落实到全面依法治国全过程和各方面，加强党对法治中国建设的集中统一领导，充分发挥党总揽全局、协调各方的领导核心作用。[②] 2015年2月2日，习近平总书记在省部级主要领导干部学习贯彻党

[①] 习近平：《高举中国特色社会主义伟大旗帜　为全面建设社会主义现代化国家而团结奋斗——在中国共产党第二十次全国代表大会上的报告》，《人民日报》2022年10月26日。
[②]《中共中央印发　法治中国建设规划（2020—2025年）》，《人民日报》2021年01月11日。

的十八届四中全会精神全面推进依法治国专题研讨班上的讲话指出:"党和法的关系是一个根本问题,处理得好,则法治兴、党兴、国家兴;处理得不好,则法治衰、党衰、国家衰。"① 可以说,党的领导是中国特色社会主义法治之魂。建设中国特色社会主义法治体系,建设社会主义法治国家,必须站在党和国家兴衰存亡的高度,从理论与实践、历史与现实的结合上全面正确回答党的领导与法治的关系问题,这样才能在全面推进依法治国的伟大实践中更加自觉地坚持和实现党的领导。

毫不动摇地坚持依法治国,推进社会主义法治国家建设是我们党的重大政治决策。早在1978年党的十一届三中全会上就明确提出,要发扬社会主义民主,加强社会主义法制。1997年党的十五大提出,要依法治国、建设社会主义法治国家,这是对党的十一届三中全会方针的重要成果一以贯之。1999年3月,"依法治国,建设社会主义法治国家"正式写入宪法,这是以法律的形式推进依法治国制度化、规范化。党的十八大以来,我国民主法治建设迈出重大步伐,法治国家、法治政府、法治社会建设相互促进,中国特色社会主义法治体系日益完善,全社会法治观念明显改善。但全面依法治国是一项复杂系统工程,涉及经济建设、政治建设、文化建设、社会建设、生态文明建设、国防军队建设、党的建设等各领域,涉及改革发展稳定、内政外交国防、治党治国治军等各个方面,必须从整体上强化统筹协调、总体设计,从而有效克服全面依法治国进程中的诸多问题和挑战。在新形势下,党中央审时度势、高屋建瓴,充分认识到法治在治国理政中的重要作用,更加重视通过全面依法治国为党和国家事业发展提供根本性、全局性、长期性的制度保障,作出了《中共中央关于全面推进依法治国若干重大问题的决定》,并把党领导人民依法治国的基本方略纳入"四个全面"战略布局。

坚持党的领导,是社会主义法治的根本要求,是党和国家的根本所在、命脉所在,是全国各族人民的利益所系、幸福所系,是全面推进依法治国的题中

---

① 中共中央文献研究室:《习近平关于全面依法治国论述摘编》,中央文献出版社2015年版,第33页。

应有之义。① 党的十八届四中全会第一次全面系统地回答了如何正确认识党和法的关系问题，在顶层设计和制度安排中把党的领导与依法治国有机统一起来。党的十八届四中全会《决定》从以下六个方面阐释了党与法的关系。一是本质特征。我国宪法确立了中国共产党的领导地位。党的领导是中国特色社会主义最本质的特征，是社会主义法治最根本的保证。二是基本经验。把党的领导贯彻到依法治国全过程和各方面，是我国社会主义法治建设的一条基本经验。三是根本要求。坚持党的领导，是社会主义法治的根本要求，是全面推进依法治国的题中应有之义。四是相互关系。党的领导和社会主义法治是一致的，社会主义法治必须坚持党的领导，党的领导必须依靠社会主义法治。五是依法执政。党依据宪法法律治国理政，依据党内法规管党治党，必须坚持党领导立法、保证执法、支持司法、带头守法。六是党与法高度统一的顶层设计。必须把依法治国基本方略同依法执政基本方式统一起来，把党总揽全局、协调各方同人大、政府、政协、审判机关、检察机关依法依章程履行职能、开展工作统一起来，把党领导人民制定和实施宪法法律同党坚持在宪法法律范围内活动统一起来。所以说，党的领导是中国特色社会主义法治之魂，是我们的法治同西方资本主义国家法治的最大区别。②

把党的领导贯彻到依法治国全过程，是我们党推进社会主义法治建设的一条重要经验。中国共产党是一个长期执政的大党，其政治地位决定了坚持党的领导对社会主义法治国家建设的重要意义。作为执政党，我们党要领导整个中国特色社会主义建设事业。而社会主义法治国家建设是中国特色社会主义事业的重要组成部分，因而党的领导必然体现在法治国家建设的各个方面。③ 党的十八届四中全会把"建设中国特色社会主义法治体系，建设社会主义法治国家"作为总目标，奠定了法治建设的中国特色社会主义的根本性质；把"党的领导"作为实现总目标要坚持的首要基本原则，揭示了党领导依法治国的重要地位。

---

① 习近平：《论坚持全面依法治国》，中央文献出版社2020年版，第106页。
② 李林：《党的领导是中国特色社会主义法治之魂》，《人民日报》2015年04月02日。
③ 卓泽渊：《建设社会主义法治国家必须坚持党的领导》，《人民日报》2017年08月14日。

在相互关系上，只有坚持党的领导，才能坚守法治建设的社会主义方向与性质；只有政治方向正确，才能保证法治建设符合时代发展规律与人民群众利益。我国法治最根本的性质、最大的特色就是党的领导。在法治中国建设进程中加强党的领导，不是一句口号，更不是一句空话，要把党的领导贯穿到立法、执法、司法、守法全过程。

一是体现在党领导人民制定宪法和法律。这是我们社会主义法治建设的一条基本经验。不管是1949年我们党领导制定的《中国人民政治协商会议共同纲领》，还是1954年、1982年的《中华人民共和国宪法》，这些都是在党的坚强领导下制定的。特别是改革开放以来，我国逐步形成了以宪法为核心的中国特色社会主义法律体系，为国家和社会生活的各个方面总体上实现有法可依提供了保障，这也是党领导的结果。

二是体现在党领导人民执行宪法和法律。法律的生命力在于实施，法律的权威也在于实施。对于我们党来说，领导人民执行宪法和法律主要表现在两个方面。一方面是保证依法行政。行政机关执法水平直接关系人民群众切身利益，直接关系党和政府的公信力。保证依法行政，就是要使各级政府在党的领导下，坚持在法治轨道上开展工作，创新执法体制，完善执法程序，严格执法责任，加快建设职能科学、权责法定、执法严明、公开公正、廉洁高效、守法诚信的法治政府。另一方面是支持公正司法。司法是社会公正的最后一道防线。司法公正对社会公正具有重要引领作用，司法不公对社会公正具有致命破坏作用。我们党是司法公正的支持者和保障者。支持公正司法，就是支持和保证各级人民法院、人民检察院依照宪法法律的授权，独立公正行使审判权、检察权。这要求进一步完善司法管理体制和司法权力运行机制，规范司法行为，加强对司法活动的监督，努力让人民群众在每一个司法案件中感受到公平正义。

三是党自身必须在宪法和法律范围内活动。办好中国的事情，关键在党。党能否带头守法，直接影响全面推进依法治国的进展和成效，直接影响党在人民群众中的权威和形象。首先，各级党组织和党员必须坚持在宪法和法律范围内活动，坚持法律面前人人平等，任何组织和个人都不得有超越宪法法律的特权，一切违反宪法法律的行为都必须予以追究；其次，各级领导干部要带头遵守法律，带头依法办事，各级组织部门要把法治建设成效作为衡量领导班子和领导干部工作实绩的重要内容、纳入政绩考核指标体系。

第二节 党的领导和社会主义法治是一致的

习近平总书记强调，在中国发展社会主义民主政治，保证人民当家作主，保证国家政治生活既充满活力又安定有序，关键是要坚持党的领导、人民当家作主、依法治国有机统一。① 党的十八届四中全会明确提出，党的领导和社会主义法治是一致的，社会主义法治必须坚持党的领导，党的领导必须依靠社会主义法治。认识不到依法治国与党的领导的辩证统一关系，把二者机械地割裂开来、对立起来，要么是思想上犯了形而上学的错误，要么就是别有用心的挑拨。坚持党的领导与法治的高度统一，要从以下几个方面来理解。

一是从党的领导与社会主义法治的本质来看，中国共产党作为执政党，代表的不是哪个利益集团的利益，而是代表中国最广大人民的根本利益。《中国共产党章程》明确指出："党除了工人阶级和最广大人民群众的利益，没有自己特殊的利益。"我们党是人民群众利益的代表者，又是人民群众的领导者。所谓领导，归根到底，就是领导人民群众去实现他们自身的利益。社会主义法治说到底就是为了人民的法治、依靠人民的法治、造福人民的法治、保护人民的法治，它以人民为主体，以依法治权、依法治官为手段，以保障人民根本权益为出发点和落脚点，保证人民依法享有广泛的权利和自由、承担应尽的义务，维护社会公平正义，促进共同富裕。党的领导与社会主义法治归根结底都以人民利益为根本利益，高度统一于全心全意为人民服务的本质属性和内在要求上。

二是从宪法和党章的规定来看，我国宪法规定了党在带领人民进行革命、

---

① 习近平：《论坚持全面依法治国》，中央文献出版社2020年版，第42页。

建设和改革进程中的领导地位和作用，确立了党是领导全国各族人民把我国建设成为富强民主文明和谐美丽的社会主义现代化国家的领导核心，而且以根本法形式规定国家实行依法治国，维护社会主义法制统一和尊严的原则，要求包括中国共产党在内的各政党必须以宪法为根本的活动准则，并且负有维护宪法尊严、保证宪法实施的职责；必须遵守宪法和法律，一切违反宪法和法律的行为必须予以追究；任何组织或者个人都不得有超越宪法法律的特权。党章在规定党是中国特色社会主义事业领导核心的同时，明确要求必须坚持党的领导、人民当家作主、依法治国有机统一，走中国特色社会主义政治发展道路，扩大社会主义民主，健全社会主义法治，建设社会主义法治国家；必须完善中国特色社会主义法律体系，加强法律实施工作，实现国家各项工作法治化。同时，党章还专门明确，党的领导主要是政治、思想和组织领导；党必须在宪法和法律的范围内活动，坚持科学执政、民主执政、依法执政；党必须保证国家的立法、司法、行政机关，经济、文化组织和人民团体积极主动地、独立负责地、协调一致地工作；除了法律和政策规定范围内的个人利益和工作职权以外，所有共产党员都不得谋求任何私利和特权，都必须模范遵守国家的法律法规。这就从宪法和党章的角度，为党与法的高度统一提供了法律和制度依据。

三是从坚持科学立法、民主立法、依法立法来看，立法实质上是党的主张和人民意志，通过立法程序转变为国家意志的产物。党领导立法，就是根据党和国家大局、人民群众意愿提出立法建议，立人民需要的法。通过健全立法工作机制和程序，引导立法机关把握立法方向，突出立法重点，使所立法律更加务实管用有效，突出党的工作中心，以良法促善治；在立法中充分发扬民主，把反映人民整体意志和根本利益的党的主张，通过科学立法、民主立法程序，及时转变为国家意志，并赋予这种意志以国家强制力，保障其实施。全体社会成员一体遵循这种立法，从而实现党的主张、人民意志到国家意志的转换提升，保证了党的领导与依法治国的有机统一。

四是从坚持党的领导和司法机关依法独立公正行使职权来看，要确保司法机关依照党的主张和人民意志独立行使审判权和检察权，确保人民群众在每一个司法案件中都感受到公平正义。当前，我国社会主义法律体系已经形成，党的路线方针政策和党实行政治领导、组织领导的多数内容要求已经法治化，司法机关严格依法办事，切实独立公正行使司法权，从某种意义上说就是坚持党的领导、执行党的意志、维护党的权威。当然，我们党支持和保障司法机关依法独立公正行使司法权，实质上就是巩固党领导和执政的法治基础，就是运用法治思维和法治方式切实有效地坚持和维护党的领导。

坚持党的领导地位，发挥党的领导核心作用，是我国革命、建设和改革的基本经验。改革开放40多年来，党在领导人民加强法治建设、推进依法治国的实践中，始终高度重视党的领导与依法治国的关系这个社会主义法治建设的核心问题，把党的领导贯彻到依法治国全过程和各方面。党的十九大报告提出，要成立中央全面依法治国领导小组，加强对法治中国建设的统一领导。这就为全面依法治国的统筹协调、整体推进与督促落实提供了一个强有力的组织保障。全面推进依法治国，是一个系统工程。坚持党的领导、人民当家作主、依法治国有机统一，坚定不移走中国特色社会主义法治道路，创新发展中国特色社会主义法治理论，奋力实现建设中国特色社会主义法治体系、建设社会主义法治国家这个总目标，构成了全面推进依法治国的宏伟蓝图。把党的领导贯彻到全面依法治国全过程和各方面，最重要的是坚持党的领导和社会主义法治的一致性，做到社会主义法治必须坚持党的领导，党的领导必须依靠社会主义法治。具体来说，党对全面依法治国的领导主要是通过三个方面的功能体现出来的。

一是以重大决策部署来牵引。中国法治进程每一次重大飞跃，无不是以党中央的重大决策部署为遵循、为主导牵引的。党的十五大报告首次提出"依法治国，建设社会主义法治国家"，强调依法治国是党领导人民治理国家的基本方略，是发展社会主义市场经济的客观需要，是社会文明进步的重要标志，是国家长治久安的重要保障。1999年宪法修正案在宪法第5条增加了"中华人民共和国实行依法治国，建设社会主义法治国家"。在其后历次党代会的报告中，都对依法治国的进程作出了总体规划。党的十六大提出，发展社会主义民主政治，最根本的是要把坚持党的领导、人民当家作主和依法治国有机统一起来。党的十七大提出，依法治国是社会主义民主政治的基本要求，强调要全面落实依法治国基本方略，加快建设社会主义法治国家。党的十八大强调，要更加注重发挥法治在国家治理和社会管理中的重要作用。党的十八届四中全会专门作出了《中共中央关于全面推进依法治国若干重大问题的决定》，对社会主义法治国家建设进行了顶层设计，明确了建设社会主义法治国家的性质、方向、道路、抓手等关键性问题。正是在党的主导和引领之下，中国的法治建设才取得了举世瞩目的成就。党的十九大报告提出成立中央全面依法治国领导小组，加强对法治中国建设的统一领导，也正是基于这一功能的实现。党的二十大报告提出，全面依法治国是国家治理的一场深刻革命，关系党执政兴国，关系人民幸福安康，关系党和国家长治久安。必须更好发挥法治固根本、稳预期、利长远的保障作用，在法治轨道上全面建设社会主义现代化国家。细数这一系列重大改革，无不是与中国当时的法治实践相关联，无不是以中央重大决策部署为主导牵引，无不体现党对法治工作建设的科学谋划和整体推动。可以说，当前国家法治体系的形成，不论是完备的法律规范体系、高效的法治实施体系，还是严密的法治监督体系、有力的法治保障体系，以及逐渐完备的党内法规体系，都是在党的坚强领导下实现的，都是靠党中央的重大决策部署来推动实施的。同时，全面依法治国是一个系统工程，不可能一蹴而就，必须要持之以恒、久久为功，分阶段、分步骤加以推进，速度太快或太慢都不适合中国国情，都不利于法治中国的实现。因此，需要中央继续出台一系列决策部署，有计划、有步骤地推进，引领和规范宪法和法律的实施工作。

二是加大统筹协调力度。全面依法治国是一项全局性工作，涉及方方面面，不是哪一个部门的事情，需要党从全局的高度来统筹协调推进。一方面是对工作布局的统筹，在全面推进依法治国进程中，坚持依法治国、依法执政、依法行政共同推进，坚持法治国家、法治政府、法治社会一体建设。另一方面是加强对具体实践的统筹协调。比如，党的十九大报告对统筹协调科学立法、严格执法、公正司法、全民守法四个方面的工作提出了具体要求。在科学立法方面，要以良法促进发展、保障善治；在严格执法方面，要建设法治政府，推进依法行政，严格规范公正文明执法；在公正司法方面，要深化司法体制综合配套改革，全面落实司法责任制；在全民守法方面，要加大全民普法力度，建设社会主义法治文化，树立宪法法律至上、法律面前人人平等的法治理念。同时，还特别强调：各级党组织和全体党员要带头尊法学法守法用法，任何组织和个人都不得有超越宪法法律的特权，绝不允许以言代法、以权压法、逐利违法、徇私枉法。除此之外，还需要从国家层面统筹推进法治和德治建设，大力弘扬社会主义核心价值观，为法治建设营造良好氛围。

三是发挥支持保障功能。坚持党对依法治国的领导，并不是说党包办甚至直接干预法治建设领域的各项工作，而是在主导引领、统筹协调的基础上，支持和保证各个方面依法有序开展工作，履行职责。坚持党的领导，不是一句空的口号，必须具体体现在党领导立法、保证执法、支持司法、带头守法上。

就领导立法而言，就是要完善以宪法为核心的中国特色社会主义法律体系，坚持立法先行，发挥立法的引领和推动作用，抓住提高立法质量这个关键。要根据党和国家大局、人民群众意愿，立符合党的主张、尊重人民意愿、满足现实需要的良法。要把公正、公平、公开原则贯穿立法全过程，增强法律法规的及时性、系统性、针对性、有效性，不断提高立法科学化、民主化水平。要加强重点领域立法，实现立法和改革决策相衔接，修改同全面深化改革相关的法律，确保重大改革于法有据、立法主动适应改革和经济社会发展需要。

就保证执法而言，就是要在党的领导下建立权责统一、权威高效的依法行政工作体制，深化政治立场、民主意识、法治观念教育，使执法者在思想上行动上同宪法法律保持一致。就是要建设职能科学、权责法定、执法严明、公开公正、廉洁高效、守法诚信的法治政府，坚持法定职责必须为、法无授权不可为。就是要依法全面履行政府职能，健全依法决策机制，建立行政机关内部重大决策合法性审查机制，建立重大决策终身责任追究制度及责任倒查机制，等等。

就支持司法而言，就是要为司法机关依法独立、公正行使职权提供坚实保障，健全监督制约司法活动的制度机制，保证司法权在制度的笼子里规范运行，确保人民群众在每一个司法案件中都感受到公平正义。要完善确保依法独立公正行使审判权和检察权的制度，优化司法职权配置，推进严格司法，保障人民群众参与司法，加强人权司法保障，加强对司法活动的监督。要大力提高法治工作队伍思想政治素质、业务工作能力、职业道德水准，着力建设一支忠于党、忠于国家、忠于人民、忠于法律的社会主义法治工作队伍。

就带头守法而言，就是各级党组织和党员干部尤其是领导干部要带头弘扬社会主义法治精神，不能把党的领导作为个人以言代法、以权压法、徇私枉法的挡箭牌，而应做尊法学法守法用法的模范，自觉为全社会作出表率。要保持对宪法法律的忠诚之心、敬畏之心，在任何时候都不能触碰法律红线、不得逾越法律底线。自觉在宪法法律范围内活动，充分发挥好党在依法治国中的政治核心作用和先锋模范作用。要推动全社会树立法治意识，提高社会治理法治化水平，支持各类社会主体自我约束、自我管理，发挥市民公约、乡规民约、行业规章、团体章程等社会规范在社会治理中的积极作用。要建设完备的法律服务体系，推进覆盖城乡居民的公共法律服务体系建设，健全依法维权和化解纠纷机制，构建对维护群众利益具有重大作用的制度体系。

第三节　健全党领导全面依法治国的制度和工作机制

党的领导是中国特色社会主义最本质的特征，是社会主义法治根本要求和根本保证。坚持中国特色社会主义法治道路，最根本的是坚持中国共产党的领导。中国近现代的历史告诉我们，中国共产党始终在中国的新民主主义革命、社会主义革命和建设中起领导作用，是新中国的缔造者，是当之无愧的执政党、领导党。习近平总书记指出："坚持中国共产党这一坚强领导核心，是中华民族的命运所系。"[①] 全面依法治国是要加强和改善党的领导，健全党领导全面依

[①] 习近平：《在庆祝全国人民代表大会成立六十周年大会上的讲话》，《人民日报》2014年09月06日。

法治国的制度和工作机制，推进党的领导制度化、法治化，通过法治保障党的路线方针政策有效实施。

坚持党的领导，是全面推进依法治国的题中应有之义。一方面，依法治国必须坚持党的领导。依法治国是我们党主动提出来的，把依法治国上升为党领导人民治理国家的基本方略也是我们党提出来的，而且党一直带领人民在实践中推进依法治国。只有在党的领导下，社会主义法治建设才能沿着正确的道路前进，人民当家作主才能充分实现，国家治理体系和治理能力现代化才能有序推进。另一方面，党的领导必须依靠社会主义法治。作为单一制国家的执政党，要保证国家政令统一、法制统一、市场统一、国家统一，必须依法治国、依法执政、依法行政。只有依靠法治，才能更好地使党的主张通过法定程序成为国家意志并最终得以施行。也只有全面推进依法治国，才更有利于加强和改善党的领导，更有利于巩固党的执政地位、完成党的执政使命。

坚持党的领导不是一句空口号，必须具体体现在党领导立法、保证执法、支持司法、带头守法上。一方面，要坚持党总揽全局、协调各方的领导核心作用，统筹依法治国各领域工作，确保党的主张贯彻到依法治国全过程和各方面。另一方面，要改善党对依法治国的领导，不断提高党领导依法治国的能力和水平。[1] 如何坚持和完善党对依法治国的领导，党的十八届四中全会提出了"三个统一、四个善于"，即把依法治国基本方略同依法执政基本方式统一起来，把党总揽全局、协调各方同人大、政府、政协、审判机关、检察机关依法依章程履行职能、开展工作统一起来，把党领导人民制定和实施宪法法律同党坚持在宪法法律范围内活动统一起来；善于使党的主张通过法定程序成为国家意志，善于使党组织推荐的人选通过法定程序成为国家政权机关的领导人员，善于通过国家政权机关实施党对国家和社会的领导，善于运用民主集中制原则维护中央权威、维护全党全国团结统一。[2]

---

[1] 习近平：《加快建设社会主义法治国家》，《求是》2015年第1期。
[2] 习近平：《关于〈中共中央关于全面推进依法治国若干重大问题的决定〉的说明》，《人民日报》2014年10月29日。

坚持党的领导和完善党的领导是有机统一的。全面依法治国，必须坚持党的核心领导地位不动摇，同时要不断完善和改进党的领导。习近平总书记强调："坚持和完善党的领导，是党和国家的根本所在、命脉所在，是全国各族人民的利益所在、幸福所在。"①

坚持党对政法工作的领导，必须完善党委政法委对政法工作的领导。党委政法委是党委领导和管理政法工作的职能部门，是实现党对政法工作领导的重要组织形式。党委政法委要明确职能定位，善于议大事、抓大事、谋全局，把握政治方向、协调各方职能、统筹政法工作、建设法治工作队伍、督促依法办事、创造执法环境，保障党的路线方针政策贯彻落实，保障宪法法律统一正确实施，推动依法治国基本方略落实，推动法治中国建设。党委政法委要带头在宪法法律范围内活动，善于运用法治思维和法治方式领导政法工作，在推进国家治理体系和治理能力现代化中发挥重要作用。习近平总书记指出，"党对政法工作的领导是管方向、管政策、管原则、管干部，不是包办具体事务、不是越俎代庖，领导干部更不能借党对政法工作的领导之名对司法机关工作进行不当干预。政法机关党组织要建立健全重大事项向党委报告制度、在执法司法中发挥政治核心作用制度、党组（党委）成员依照工作程序参与重要业务和重要决策制度，确保政法工作沿着正确方向前进"②。

党和法治的关系是法治建设的核心问题。全面推进依法治国这件大事能不能办好，最关键的是方向是不是正确、政治保证是不是坚强有力，具体来讲，就是要坚持党的领导，坚持中国特色社会主义制度，贯彻中国特色社会主义法治理论。党的领导是中国特色社会主义最本质的特征，是社会主义法治最根本的保证。中国特色社会主义制度是中国特色社会主义法治体系的根本制度基础，是全面推进依法治国的根本制度保障。中国特色社会主义法治理论是中国特色社会主义法治体系的理论指导和学理支撑，是全面推进依法治国的行动指南。这三个方面实质上是中国特色社会主义法治道路的核心要义，规定和确保

---

① 习近平：《在庆祝中国共产党成立95周年大会上的讲话》，《人民日报》2016年07月02日。
② 习近平：《论坚持全面依法治国》，中央文献出版社2020年版，第44页。

了中国特色社会主义法治体系的制度属性和前进方向。党的十八届四中全会明确强调,党的领导是中国特色社会主义最本质的特征,是社会主义法治最根本的保证。把党的领导贯彻到依法治国全过程和各方面,是我国社会主义法治建设的一条基本经验。

"党大还是法大"是一个伪命题。社会主义法治必须坚持党的领导,党的领导必须依靠社会主义法治。在我国,法是党的主张和人民意愿的统一体现,党领导人民制定宪法法律,党领导人民实施宪法法律,党自身必须在宪法法律范围内活动,这就是党的领导力量的体现。全党在宪法法律范围内活动,这是我们党的高度自觉,也是坚持党的领导的具体体现,党和法、党的领导和依法治国是高度统一的。习近平总书记指出,我们说不存在"党大还是法大"的问题,是把党作为一个执政整体而言的,是就党的执政地位和领导地位而言的,具体到每个党政组织、每个领导干部,就必须服从和遵守宪法法律,就不能以党自居,就不能把党的领导作为个人以言代法、以权压法、徇私枉法的挡箭牌。我们有些事情要提交党委把握,但这种把握不是私情插手,不是包庇性的插手,而是一种政治性、程序性、职责性的把握。这个界限一定要划分清楚。习近平总书记进一步指出,"党大还是法大"是一个政治陷阱,是一个伪命题。对这个问题,我们不能含糊其词、语焉不详,要明确予以回答。对各级党政组织、各级领导干部来说,权大还是法大则是一个真命题。①

党的领导与依法治国是缺一不可、相辅相成的。党的领导和社会主义法治是一致的,社会主义法治必须坚持党的领导,党的领导必须依靠社会主义法治。只有坚持在党的领导下推进全面依法治国,同时坚持党在宪法法律范围内活动,才能实现党的领导、人民当家作主和依法治国有机统一于我国社会主义民主政治伟大实践,社会主义民主法治建设才能有序推进。

---

① 中共中央文献研究室:《习近平关于全面依法治国论述摘编》,中央文献出版社2015年版,第37页。

第二讲　坚持以人民为中心

全面依法治国最广泛、最深厚的基础是人民，必须坚持为了人民、依靠人民。要把体现人民利益、反映人民愿望、维护人民权益、增进人民福祉落实到全面依法治国各领域全过程。推进全面依法治国，根本目的是依法保障人民权益。要积极回应人民群众新要求新期待，系统研究谋划和解决法治领域人民群众反映强烈的突出问题，不断增强人民群众获得感、幸福感、安全感，用法治保障人民安居乐业。

第一节　人民是依法治国的主体和力量源泉

在习近平新时代中国特色社会主义思想中，"坚持以人民为中心"不仅构成了习近平新时代中国特色社会主义的思想内核和价值主线，还是贯彻落实习近平新时代中国特色社会主义思想的重要基本方略，成为新时代坚持和发展中国特色社会主义的思想灵魂和精神旗帜。党的二十大报告提出，人民性是马克思主义的本质属性，并把"坚持人民至上"作为习近平新时代中国特色社会主义思想的首位世界观和首要方法论，与"坚持自信自立、坚持守正创新、坚持问题导向、坚持系统观念、坚持胸怀天下"等一起，共同构成贯穿习近平新时代中国特色社会主义思想始终的立场观点方法。

马克思主义是我们党立党立国的根本指导思想。对马克思主义的信仰，对社会主义和共产主义的信念，是共产党人的政治灵魂。在内容上，马克思主义主要由马克思主义哲学、马克思主义政治经济学和科学社会主义三大部分组成，而马克思主义哲学则包括辩证唯物主义和历史唯物主义，其中，历史唯物主义也称唯物史观，是哲学中关于人类社会发展一般规律的理论。唯物史观认为，"历史活动是群众的事业"①，决定历史发展的是"行动着的群众"②。因此，人民群众是社会财富的创造者，是社会变革的决定力量。2013年12月3日，习近平总书记在十八届中共中央政治局就历史唯物主义基本原理和方法论进行第十一次集体学习时强调，要学习和掌握人民群众是历史创造者的观点，紧紧依靠人民推进改革，坚持把实现好、维护好、发展好最广大人民根本利益作为推进改革的出发点和落脚点，让发展成果更多更公平惠及全体人民。因此，坚持以人民为中心体现了"人民是历史的创造者"的唯物史观，是对马克思主义的继承和发展，是马克思主义中国化、时代化最新理论成果的具体思想呈现。

党的十九大报告明确提出："为什么人的问题，是检验一个政党、一个政权性质的试金石。带领人民创造美好生活，是我们党始终不渝的奋斗目标。"党的二十大报告进一步强调："江山就是人民，人民就是江山。中国共产党领导人民打江山、守江山，守的是人民的心。治国有常，利民为本。为民造福是立党为公、执政为民的本质要求。必须坚持在发展中保障和改善民生，鼓励共同奋斗创造美好生活，不断实现人民对美好生活的向往。"③《中国共产党章程》也明确指出，党除了工人阶级和最广大人民群众的利益，没有自己特殊的利益。党在任何时候都把群众利益放在第一位，同群众同甘共苦，保持最密切的联系，坚持权为民所用、情为民所系、利为民所谋，不允许任何党员脱离群众，凌驾于群众之上。因此，党的一切工作必须以最广大人民根本利益为最高标准，要把人民放在心中最高位置，实现好、维护好、发展好最广大人民根本利益，把人民拥护不拥护、赞成不赞成、高兴不高兴、答应不答应作为衡量一切工作得失的根本标准，在任何时候、任何情况下，与人民同呼吸共命运的立场不能变，全心全意为人民服务的宗旨不能忘，群众是真正的英雄的历史唯物主义观点不

---

① 《马克思恩格斯全集》第二卷，人民出版社1957年版，第104页。
② 恩格斯：《路德维希·费尔巴哈和德国古典哲学的终结》，人民出版社1997年第3版，第41页。
③ 习近平：《高举中国特色社会主义伟大旗帜　为全面建设社会主义现代化国家而团结奋斗——在中国共产党第二十次全国代表大会上的报告》，《人民日报》2022年10月26日。

能丢，始终坚持立党为公、执政为民。

正义是社会制度的首要价值，也是法治建设的永恒追求。坚持公平正义是中国特色社会主义的内在要求，也是我们党的一贯主张。我们党从诞生之日起，就把实现社会公平正义作为一项政治主张和目标，并一直在为实现这一政治主张和目标而奋斗。坚持公平正义必然要求共同富裕，消除贫富差距，防止两极分化。早在改革开放之初，邓小平同志就讲过：“让一部分人、一部分地区先富起来，大原则是共同富裕。一部分地区发展快一点，带动大部分地区，这是加速发展、达到共同富裕的捷径”①，"社会主义的目的就是要全国人民共同富裕，不是两极分化。如果我们的政策导致两极分化，我们就失败了，如果产生了什么新的资产阶级，那我们就真是走了邪路了"②。进入党的十八大以后，我们党更加注重共同富裕和公平正义，强调要随时随刻倾听人民呼声、回应人民期待，保证人民平等参与、平等发展权利，维护社会公平正义，在学有所教、劳有所得、病有所医、老有所养、住有所居上持续取得新进展，不断实现好、维护好、发展好最广大人民根本利益，使发展成果更多更公平惠及全体人民，在经济社会不断发展的基础上，朝着共同富裕方向稳步前进。2015年10月29日，习近平同志在党的十八届五中全会第二次全体会议上指出，我们必须坚持发展为了人民、发展依靠人民、发展成果由人民共享，作出更有效的制度安排，使全体人民朝着共同富裕方向稳步前进，绝不能出现"富者累巨万，而贫者食糟糠"的现象。在党的十九大上，我们重申了公平正义的发展取向，强调要不断满足人民日益增长的美好生活需要，不断促进社会公平正义，形成有效的社会治理、良好的社会秩序，使人民获得感、幸福感、安全感更加充实、更有保障、更可持续。③党的二十大报告进一步强调，我们要实现好、维护好、发展好最广大人民根本利益，紧紧抓住人民最关心最直接最现实的利益问题，坚持尽力而为、量力而行，深入群众、深入基层，采取更多惠民生、暖民心举措，

---

① 《邓小平文选》第三卷，人民出版社1993年版，第166页。
② 邓小平：《建设有中国特色的社会主义》（增订本），人民出版社1987年版，第199页。
③ 《党的十九大报告辅导读本》，人民出版社2017年版，第44页。

着力解决好人民群众急难愁盼问题，健全基本公共服务体系，提高公共服务水平，增强均衡性和可及性，扎实推进共同富裕。① 而要想实现这个主张和目标，就必须坚持以人民为中心的发展思想，始终把人民利益摆在至高无上的地位，让改革发展成果更多更公平惠及全体人民，朝着实现全体人民共同富裕不断迈进，努力做到"全面建成小康社会，一个不能少；共同富裕路上，一个不能掉队"。

坚持以人民为中心是习近平新时代中国特色社会主义思想的灵魂主线。党的十九大最重要的理论成果是确立了习近平新时代中国特色社会主义思想，实现了马克思主义中国化时代化的最新飞跃，为完成"两个一百年"的奋斗目标提供了强大思想武器。从内容关系上看，坚持以人民为中心是习近平新时代中国特色社会主义思想的重要内容，构成了新时代中国特色社会主义发展战略安排的灵魂主线。首先，坚持以人民为中心是解决新时代社会主要矛盾的根本途径。判断中国特色社会主义进入新时代的理论依据是我国社会主要矛盾发生了新变化。因此，习近平新时代中国特色社会主义思想，根据社会主要矛盾的新发展新变化，明确了新时代我国社会主要矛盾是人民日益增长的美好生活需要和不平衡不充分的发展之间的矛盾，必须坚持以人民为中心的发展思想，不断促进人的全面发展、全体人民共同富裕。随着我国社会生产力水平总体上显著提高，社会生产能力在很多方面进入世界前列，现在面临的更加突出的问题是发展不平衡不充分，这已经成为满足人民日益增长的美好生活需要的主要制约因素。因此，在社会主要矛盾发生变化的情形下，始终坚持以人民为中心，着力解决好发展不平衡不充分问题，大力提升发展质量和效益，更好满足人民在经济、政治、文化、社会、生态等方面日益增长的需要，更好推动人的全面发展、社会全面进步，是解决新时代社会主要矛盾的根本途径。其次，坚持以人民为中心是贯彻落实习近平新时代中国特色社会主义思想的基本方略。党的十八大以来，国内外形势变化和我国各项事业发展都给我们提出了一个重大时

---

① 习近平：《高举中国特色社会主义伟大旗帜　为全面建设社会主义现代化国家而团结奋斗——在中国共产党第二十次全国代表大会上的报告》，《人民日报》2022年10月26日。

代课题，也给党和国家事业发展提出了新要求，这就要求我们必须从理论和实践结合上系统回答如何把贯彻落实习近平新时代中国特色社会主义思想的基本方略落到实处。习近平新时代中国特色社会主义思想和基本方略体现了思想理论与实践相统一、认识论和方法论相一致、战略与战术相结合的理论特色。在贯彻落实习近平新时代中国特色社会主义思想的十四条基本方略中，以"坚持党对一切工作的领导"开头，揭示了党的领导是中国特色社会主义最本质的特征，是中国特色社会主义制度的最大优势；"坚持以人民为中心"紧跟其后，体现了党立党为公、执政为民的价值追求；以"坚持全面从严治党"兜底，彰显了党的领导对新时代中国特色社会主义的根本保证作用。由此可以看出，在习近平新时代中国特色社会主义思想的十四条基本方略中，以党的领导为根本前提，以全面从严治党为根本保证，坚持以人民为中心的思想贯穿于始终，三者共同体现了党的领导与以人民为中心的内在统一，统一于党的全心全意为人民服务的根本宗旨之中。最后，坚持以人民为中心是新时代中国特色社会主义发展战略安排的灵魂主线。党的十九大对新时代中国特色社会主义发展作出了新"两步走"的战略安排，即从2020年到2035年，在全面建成小康社会的基础上，再奋斗十五年，基本实现社会主义现代化。从2035年到21世纪中叶，在基本实现现代化的基础上，再奋斗十五年，把我国建成富强民主文明和谐美丽的社会主义现代化强国。①党的二十大报告重申了新"两步走"战略安排，强调全面建成社会主义现代化强国，总的战略安排是分两步走：从2020年到2035年基本实现社会主义现代化；从2035年到21世纪中叶把我国建成富强民主文明和谐美丽的社会主义现代化强国。衡量这两个阶段的目标任务最终实现的最根本标准仍然是坚持以人民为中心的发展思想，即：在第一个阶段，我国人民将享有更加幸福安康的生活，全体人民共同富裕基本实现；在第二个阶段，人民生活更为宽裕，全体人民共同富裕迈出坚实步伐。因此，社会主义现代化建设的目标是否完成最根本的衡量标准就是是否得到人民认可、是否

---

① 《党的十九大报告辅导读本》，人民出版社2017年版，第28页。

经得起历史检验。

坚持以人民为中心具有丰富的思想内涵,其核心要义可以概括为"一切为了人民,一切依靠人民,一切成果由人民共享"[1]。在学习贯彻坚持以人民为中心思想的丰富内涵时,一定要提高政治站位,拓展理论视野,从政治立场、价值取向、发展思想和工作导向四个层面来全面理解坚持以人民为中心的丰富内涵。

一是坚持以人民为中心的政治立场。人类社会一切活动的根本目的,首先是为了人类自身过得更美好。但人又是分政治阶级、社会阶层的,不同国家、不同政党在"为了谁"问题上的政治立场是不同的。因此,为了谁、由谁享有的问题,是发展首先要解决的根本问题,也是衡量一个政党、一个国家性质的试金石。对我们党来说,人民立场是党的根本政治立场,人民性也是党的根本政治属性。习近平总书记多次强调指出:"人民立场是中国共产党的根本政治立场,是马克思主义政党区别于其他政党的显著标志。"[2]党的政治合法性源自历史,是人心向背决定的,是人民的选择。因此,我们的党的理想信念宗旨决定了人民立场是党的根本政治立场,全心全意为人民服务是党的根本宗旨,群众路线是党的生命线和根本工作路线,必须要不忘初心、牢记使命,永远保持对人民的赤子之心,坚持问政于民、问需于民、问计于民,始终把实现好、维护好最广大人民根本利益作为党的根本政治立场。

二是坚持以人民为中心的改革取向。改革开放是决定当代中国命运的关键一招,也是实现中华民族伟大复兴的关键一招。但进入全面深化改革时期后,改革并不是皆大欢喜、人人受益的"帕累托改进",改革总是要涉及利益格局的调整和政治立场的选择,阻力重重。党的十八大以来,习近平总书记以敢于啃硬骨头、敢于涉险滩的担当和勇气,革故鼎新、涤除时弊,坚决破除各方面体制机制弊端,坚决突破利益固化的藩篱,形成了一大批改革理论成果、制度成果、实践成果。党的十九大以后,党中央又一次吹响全面深化改革的号角,

---

[1] 中共中央文献研究室编:《十六大以来重要文献选编》(下),中央文献出版社2008年版,第24页。
[2] 习近平:《在庆祝中国共产党成立95周年庆祝大会上的讲话》,《人民日报》2016年07月02日。

进一步坚定了改革方向，再次强调，无论改什么、改到哪一步，坚持以人民为中心的改革价值取向不能变。在2018年新年贺词中，习近平总书记再次强调，"我们伟大的发展成就由人民创造，应该由人民共享"，并明确提出要"以造福人民为最大政绩，想群众之所想，急群众之所急，让人民生活更加幸福美满"，这就使得新时代中国特色社会主义的改革立场更加鲜明、发展方向更加明确。

三是坚持以人民为中心的发展思想。发展是硬道理，是增进人民福祉、促进社会进步的根本途径，是解决中国所有问题的关键，必须坚定不移把发展作为党执政兴国的第一要务，坚持解放和发展社会生产力，坚持社会主义市场经济改革方向，推动经济持续健康发展。"蛋糕"不断做大了，同时还要把"蛋糕"分好，要在不断发展的基础上尽量促进社会公平正义，使得改革发展真正体现坚持以人民为中心。一方面，要把人民对美好生活的向往作为奋斗目标，不断满足人民日益增长的美好生活需要，不断增强人民的获得感、幸福感、安全感，不断推进全体人民共同富裕。另一方面，要以促进社会公平正义、增进人民福祉为出发点和落脚点，在发展中不断保障和改善民生，加大协调各方面利益关系的力度，推动发展成果更多更公平惠及全体人民。因为，改善民生是坚持以人民为中心的发展思想的题中应有之义。

四是坚持以人民为中心的工作导向。不论是政治立场、改革取向，还是发展思想，最终都要落脚到具体工作上。因此，在实际工作中坚持以人民为中心，就要把党的群众路线贯彻到治国理政全部活动之中，将以人民为中心的思想落实到经济社会发展的各个环节，为人民服务、为人民担当，敢于较真碰硬、敢于直面困难，自觉把使命放在心上、把责任扛在肩上。对此，习近平总书记在不同的工作会议上发表了多个重要讲话，无一例外地都突出强调了要坚持以人民为中心的工作导向。例如，在2013年8月19日的全国宣传思想工作会议上强调树立以人民为中心的工作导向，多宣传报道人民群众的伟大奋斗和火热生活，满足人民精神需求；在2014年10月15日的文艺工作座谈会上强调要坚持以人民为中心的创作导向，把满足人民精神文化需求作为文艺和文艺工作的出发点和落脚点；在2016年5月17日的哲学社会科学工作座谈会上强调要坚持以人民为中心的研究导向，脱离了人民，哲学社会科学就不会有吸引力、感染力、影响力、生命力。2019年3月22日，习近平主席同意大利众议长菲科举行会见时的讲话指出，这么大一个国家，责任非常重、工作非常艰巨，我将无我，不负人民，我愿意做到一个"无我"的状态，为中国的发展奉献自己。2021年2月20日，习近平总书记在党史学习教育动员大会上的讲话强调，历史充分证明，江山就是人民，人民就是江山，人心向背关系党的生死存亡。赢得人民信任，得到人民支持，党就能够克服任何困难，就能够无往而不胜。通过这些重要讲话可以看出，坚持以人民为中心是习近平新时代中国特色社会主义思想一以贯之的灵魂主线和核心主张，要深刻领会习近平新时代中国特色社会主义思想的精神实质和丰富内涵，在各项具体工作中全面准确地予以贯彻落实。①

坚持以人民为中心的这四个内涵是层层递进的逻辑统一关系，四者共同统一于新时代中国特色社会主义的伟大实践之中。其中，坚持以人民为中心的政治立场是前提，决定了新时代中国特色社会主义伟大事业的改革取向、发展思想和工作导向；坚持以人民为中心的改革取向是关键，指明了新时代中国特色社会主义新征程的道路航向；坚持以人民为中心的发展思想是核心，回答了新时代中国特色社会主义"为了谁"的这个根本问题；坚持以人民为中心的工作导向是保证，体现了新时代坚持和发展中国特色社会主义的实干精神和实践面向。

马克思主义认为，人民群众是历史的创造者，是社会变革的决定性力量。以人民为中心是党的初心使命的集中体现，是"自觉践行全心全意为人民服务的根本宗旨"的内在要求。②坚持以人民为中心，坚持群众路线与专门工作相结合，是我国法治建设的制度特色与优势所在。我们党历来重视人民立场和群众路线对法治建设的指导，并在实践中不断丰富和加深对人民立场和群众路线

---

① 秦强：《新时代坚持以人民为中心的丰富内涵和实践要求》，《思想政治工作研究》2018年第3期。
② 《习近平谈治国理政》第三卷，外文出版社2020年版，第135页。

的理解。我们的法治建设始终贯穿了党的人民立场和群众路线的指导,明确回答了法治建设"为了谁、依靠谁、我是谁"这一根本问题,为牢固站稳政治立场、践行群众路线、维护人民权益,努力把法治建设深深扎根于人民群众之中,指明了前进方向。党的十九大报告提出:"人民是历史的创造者,是决定党和国家前途命运的根本力量。必须坚持人民主体地位,坚持立党为公、执政为民,践行全心全意为人民服务的根本宗旨,把党的群众路线贯彻到治国理政全部活动之中,把人民对美好生活的向往作为奋斗目标,依靠人民创造历史伟业。"①党的二十大报告进一步提出,治国有常,利民为本。为民造福是立党为公、执政为民的本质要求。党的二十大再次确认了我们党的根本宗旨,重申了践行群众路线的重要性。因此,中国特色社会主义法治建设要突出对群众观点和群众路线的学习、理解和运用,将群众路线的贯彻与法治思维的运用相结合,以此为基础,把思想和行动统一到党中央决策部署上来,既加深对党的宗旨的理解,又推进工作任务的落实与工作质量的提升,推动法治事业在新的历史起点上取得新的发展进步。

以人民为中心的思想在工作中的具体表现形式,就是党的人民立场和群众路线。人民立场是党的根本政治立场,群众路线是党的根本工作路线,也是党的根本的领导作风和工作方法,是党的群众观点的具体化。人民立场、群众路线是我们党的事业不断取得胜利的重要法宝,也是党不断焕发生机与活力、永葆先进性的力量源泉。人民立场、群众路线的实质,就是代表人民群众,为人民谋利益,就是要执政为民。从法理上看,在推进全面依法治国中坚持"以人民为中心",就是坚持人民在法治中的主体价值和中心地位,坚持法治为了人民、依靠人民、造福人民、保护人民,把实现好、维护好、发展好最广大人民根本利益作为法治建设的根本目的,把体现人民利益、反映人民意愿、维护人民权益、增进人民福祉、促进人的全面发展作为法治建设的出发点和落脚点。②

---

① 《党的十九大报告辅导读本》,人民出版社2017年版,第21页。
② 张文显:《习近平法治思想的理论体系》,《法制与社会发展》2021年第1期。

人民立场和群众路线，也是党在法治建设方面的根本政治立场和根本工作路线。专门工作与群众路线相结合，是我们党法治建设的光荣传统。党的十八届四中全会指出："人民是依法治国的主体和力量源泉，人民代表大会制度是保证人民当家作主的根本政治制度。必须坚持法治建设为了人民、依靠人民、造福人民、保护人民，以保障人民根本权益为出发点和落脚点，保证人民依法享有广泛的权利和自由、承担应尽的义务，维护社会公平正义，促进共同富裕。必须保证人民在党的领导下，依照法律规定，通过各种途径和形式管理国家事务，管理经济文化事业，管理社会事务。必须使人民认识到法律既是保障自身权利的有力武器，也是必须遵守的行为规范，增强全社会学法尊法守法用法意识，使法律为人民所掌握、所遵守、所运用。"[①] 在党的十九大报告中，习近平总书记又着重指出："坚持党的领导、人民当家作主、依法治国有机统一是社会主义政治发展的必然要求。必须坚持中国特色社会主义政治发展道路，坚持和完善人民代表大会制度、中国共产党领导的多党合作和政治协商制度、民族区域自治制度、基层群众自治制度，巩固和发展最广泛的爱国统一战线，发展社会主义协商民主，健全民主制度，丰富民主形式，拓宽民主渠道，保证人民当家作主落实到国家政治生活和社会生活之中。"[②] 在党的二十大报告中，习近平总书记进一步强调，人民民主是社会主义的生命，是全面建设社会主义现代化国家的应有之义。全过程人民民主是社会主义民主政治的本质属性，是最广泛、最真实、最管用的民主。必须坚定不移走中国特色社会主义政治发展道路，坚持党的领导、人民当家作主、依法治国有机统一，坚持人民主体地位，充分体现人民意志、保障人民权益、激发人民创造活力。习近平总书记的重要讲话，既坚持了人民立场和群众路线对法治建设的指导，又结合时代特点和需求，为新时代法治建设如何坚持人民立场和贯彻群众路线注入了新鲜内容，是我们党一切为了人民、一切依靠人民的根本立场在法治建设中的具体体现，是指导新形势下法治建设的纲领性文献。

---

① 《中共中央关于推进全面依法治国若干重大问题的决定》，人民出版社2014年版，第6页。
② 《党的十九大报告辅导读本》，人民出版社2017年版，第22页。

从习近平总书记的重要讲话中可以看出，法治建设中坚持以人民为中心的基本内涵，就是坚持把执法为民作为法治建设的根本旨归。法治建设搞得好不好，最终要看是否有利于人民安居乐业。因此，要求把人民群众的事当作自己的事，把人民群众的小事当作自己的大事，从让人民群众满意的事情做起，从人民群众不满意的问题改起，为人民群众安居乐业提供有力法律保障；法治建设的价值目标，最重要的就是执法为民，努力把法治建设深深扎根于人民群众之中。这就要求法治建设者做到对群众深恶痛绝的事要零容忍、对群众急需急盼的事要零懈怠，决不允许对群众的报警求助置之不理，决不允许让普通群众打不起官司，决不允许滥用权力侵犯群众合法权益，决不允许执法犯法造成冤假错案。习近平总书记特别指出，"要处理好维稳和维权的关系，要把群众合理合法的利益诉求解决好"①，这就要求进一步提升执法水平和执法公信力，把群众合理合法的利益诉求解决好，完善对维护群众切身利益具有重大作用的制度，强化法律在化解矛盾中的权威地位，只有这样，才能让人民群众由衷感到权益受到了公平公正对待、利益得到了有效维护。

第二节 执法为民是政法机关的根本宗旨

习近平总书记指出："法律是治国之重器，良法是善治之前提。"②"良法善治"蕴含着"以人民为中心"的法治理念，即法治建设为了人民、法治发展依靠人民、法治成果由人民共享，满足人民对法治的美好需要。"良法善治"还意味着公平正义是法治的生命线，全面依法治国，必须紧紧围绕保障和促进社会公平正义来进行。③

历史和经验表明，在任何情况下，党与人民群众同呼吸共命运的基本立场

---

① 《习近平谈治国理政》，外文出版社2014年版，第148页。
② 《中共中央关于推进全面依法治国若干重大问题的决定》，人民出版社2014年版，第8页。
③ 张文显：《习近平法治思想的理论体系》，《法制与社会发展》2021年第1期。

不能变，全心全意为人民服务的根本宗旨不能忘，坚信人民群众是真正英雄的历史唯物主义总体观点不能丢。在新形势下，坚持以人民为中心推进全面依法治国，把执法为民作为法治建设的根本旨归，既是更好地适应新形势和新任务发展的需要，也对促进社会和谐、及时化解社会矛盾及增强执法公信力，具有极为重要的意义。

第一，坚持人民立场开展法治建设，有利于保障群众利益、促进社会和谐。法治建设的目标，是围绕巩固党的执政地位，为群众安居乐业营造稳定环境。法治建设既是群众安居乐业的重要保障，也是维护国家安全稳定、社会长治久安的重要基石。要坚持党的领导，坚定中国特色社会主义的道路自信、理论自信、制度自信、文化自信，坚决维护和谐稳定的社会环境。当代社会迅猛发展，人们的物质生活得到极大丰富的同时，精神世界也得以丰富和升华，人们对与自己相关的事件更加关注，对自己的权益更加维护。在新形势下，只有加强对群众的了解，才能真正地为人民办实事。围绕维护群众合法权益，为民生福祉履行职责使命，是法治建设的首要任务。只有实现好、维护好、发展好人民群众的合法权益，真正把法治理念融入维护人民群众的合法权益中，以人民群众的权益保障为基础，才能构建具有物质支撑和精神支撑的社会和谐。①

第二，坚持人民立场开展法治建设，有利于集中人民群众智慧、及时化解社会矛盾。在我们党的法治建设实践中，产生了从群众利益出发，集中群众智慧，及时化解社会矛盾，实现长治久安与社会和谐的"马锡五审判方式"和"枫桥经验"。

"马锡五审判方式"。在陕甘宁边区政府时期，马锡五兼任边区高等法院陇东分庭庭长，探索创立了一套体现群众路线的审判方法和作风，被称为"马锡五审判方式"。"马锡五审判方式"是坚持群众观点为指导的最早司法经验。马锡五审理案件，注重事实、注重调查，不单纯依靠案卷，不简单搞法律判断和推理，而是经常"走出衙门、深入乡村"，深入群众中，在炕头上、田地上、院

---

① 习近平：《论坚持全面依法治国》，中央文献出版社2020年版，第107页。

子里进行调查研究。此外，他还创造了就地审判、巡回审判等许多便民方式。毛泽东同志称赞"马锡五审判方式"是"一刻也不离开群众"。马锡五说："国民党反动派所经常采用的审判方式是高高在上的坐堂问案的方式，我们所采用的审判方式是群众路线的审判方式。"① 这种审判方式，在今天仍有重要现实意义。

"枫桥经验"。20世纪60年代初，浙江省绍兴市诸暨县枫桥镇干部群众创造了"发动和依靠群众，坚持矛盾不上交，就地解决。实现捕人少，治安好"的"枫桥经验"，为此，1963年毛泽东同志亲笔批示"要各地仿效，经过试点，推广去做"。② "枫桥经验"由此成为全国政法战线一个脍炙人口的典型。之后，"枫桥经验"得到不断发展，形成了具有鲜明时代特色的"党政动手，依靠群众，预防纠纷，化解矛盾，维护稳定，促进发展"的枫桥新经验，成为新时期把党的群众路线坚持好、贯彻好的典范。2013年10月，习近平总书记就坚持和发展"枫桥经验"作出重要指示强调，各级党委和政府要充分认识"枫桥经验"的重大意义，发扬优良作风，适应时代要求，创新群众工作方法，善于运用法治思维和法治方式解决涉及群众切身利益的矛盾和问题，把"枫桥经验"坚持好、发展好，把党的群众路线坚持好、贯彻好。③

在新时代坚持和发展"马锡五审判方式"和"枫桥经验"，就要从坚持和发展中国特色社会主义法治建设的战略高度，继承和发扬优良传统，以与时俱进的精神，研究新情况、把握新规律，创新群众工作方法，加大依法治理力度，完善工作制度机制，不断提高新形势下群众工作能力和水平，切实解决好涉及群众切身利益的突出问题，确保人民安居乐业、社会安定有序、国家长治久安。

第三，坚持人民立场开展法治建设，有利于夯实群众基础，提高政法公信力。近年来，极少数政法干警由于人生观和价值观的扭曲，把公权力当作谋取私利的工具，在执法办案中徇私枉法、吃拿卡要、索贿受贿，搞权钱交易，办"人情案""关系案""金钱案"。"一次不公的判断比多次不平的举动为祸尤烈。

---

① 转引自邱水平：《在政法工作中始终坚持党的群众路线》，《红旗文稿》2013年第19期。
② 中共中央文献研究室：《毛泽东年谱》第五卷，中央文献出版社2013年版，第283页。
③ 中共中央文献研究室、中央党的群众路线教育实践活动领导小组办公室编：《关于"党的群众路线教育实践活动牢记使命"论述摘编》，党建读物出版社、中央文献出版社2014年版，第72页。

因为这些不平的举动不过弄脏了水流，而不公的判断则把水源败坏了。"① 执法不公，执法不严，使社会公平正义受到严重挑战，执法公信力遭到严重质疑。例如，近年发生的佘祥林案、赵作海案、呼格案等冤假错案，虽然真相大白后，嫌疑人也按法律程序要求，被宣布无罪释放，并给予了适当的国家赔偿和抚慰。但是，这种枉法办案的典型事件在人民群众的心里留下很大的阴影，使政法机关的执法公信力遭到质疑。

深入推进全面依法治国要围绕法治建设价值目标，为人民群众营造公平正义的法治氛围。公平正义是法治建设的生命线，法治建设要着力解决执法司法不严、不公、不廉等突出问题，努力让人民群众在每一起执法司法案件中都感受到公平正义。在法治建设中坚持人民立场，贯彻群众路线，加强和改进群众工作，核心问题是密切同人民群众的血肉联系，坚持把执法为民作为法治建设的根本旨归，使法治建设得到广大人民群众的衷心拥护与支持。这样，既密切了党群关系，又改善了法治建设者的形象，对改善和提高法治建设的公信力具有极为重要的意义。

第三节 构筑保障人民群众安居乐业的法治屏障

"水能载舟，亦可覆舟"，要深刻体会和理解人民创造历史的观点，以及一切为了群众、一切依靠群众，对人民群众负责、相信人民群众、向人民群众学习的群众观点。没有群众的支持和拥护，法治建设就不能一帆风顺。因此，必须牢固树立法治建设的群众观念，始终站稳正确的群众立场。要坚持"群众利益无小事"的立场，把广大人民群众的根本利益实现好维护好。人民性是政法机关的根本属性。早在1948年9月，毛泽东在中共中央政治局会议上谈到新民主主义政权的性质时指出："我们是人民民主专政，各级政府都要加上'人

---

① 培根：《培根论说文集》，水天同译，商务印书馆1983年版，第193页。

民'二字,各级政府都要加上'人民'二字,各种政权机关都要加上'人民'二字,如法院叫人民法院,军队叫人民解放军,以示和蒋介石政权不同。"① 人民公安、人民检察院、人民法院前面都有"人民"二字,因此,要始终牢记为人民掌权、为人民执法、为人民服务。

法治建设的根本目的是保障人民的根本利益,要从党的执政理念和执政目标的高度来认识法治建设保障人民群众安居乐业的重要意义。习近平同志当选总书记后的首次公开讲话就指出:"人民对美好生活的向往,就是我们的奋斗目标。"② 党的十八届四中全会强调全面推进依法治国的总目标必须坚持的一个原则就是坚持人民主体地位。党的十九大报告指出:"全党必须牢记,为什么人的问题,是检验一个政党、一个政权性质的试金石。带领人民创造美好生活,是我们党始终不渝的奋斗目标。必须始终把人民利益摆在至高无上的地位,让改革发展成果更多更公平惠及全体人民,朝着实现全体人民共同富裕不断迈进。"③ 党的二十大报告进一步指出,必须坚持在发展中保障和改善民生,鼓励共同奋斗创造美好生活,不断实现人民对美好生活的向往。因此,对政法机关而言,满足人民群众的需要是法治建设保障人民安居乐业的工作方针,政法机关要把人民群众的需求作为法治建设的风向标,应做到"为'官'一任,就要造福一方,要'常怀忧患之思,常念人民之托'"④,把人民群众的评价作为法治建设的试金石,把人民群众的事当作自己的事,把人民群众的小事当作自己的大事,从人民群众满意的事情做起,从人民群众不满意的问题改起,自觉把群众满意作为衡量和检验法治建设成效的根本标准,建立健全以民意为导向的工作机制,为人民群众安居乐业提供有力司法保障。"必须坚持从群众中来、到群众中去,广泛听取群众意见,尤其对群众'最盼、最急、最忧、最怨'的问题更要抓住不放,主动调研。"⑤

---

① 《毛泽东文集》第五卷,人民出版社1996年版,第135—136页。
② 《习近平谈治国理政》,外文出版社2014年版,第3页。
③ 《习近平谈治国理政》第三卷,外文出版社2020年版,第35页。
④ 《习近平谈治国理政》,外文出版社2014年版,第425页。
⑤ 《习近平谈治国理政》,外文出版社2014年版,第426页。

我国宪法规定，"中华人民共和国的一切权力属于人民"，作为执政党的中国共产党的根本宗旨是全心全意为人民服务。安居乐业是人民群众在任何情况下的最基本的现实需求，也是解决温饱之后面临的首要需求，是实现国家安定有序、社会和谐稳定的前提。因此，在法治建设中必须尊重人民群众的主体地位，把依法维护人民群众的合法权益、保障人民群众的生命和财产安全作为基本职责。

平安是人民幸福安康的基本要求，是改革发展的基本前提。人民安居乐业是维护社会稳定大局和促进社会公平正义的终极目的所在。没有人民的安居乐业，维护社会稳定、促进公平正义都只是空谈。2013年1月3日，习近平总书记就做好新形势下法治建设作出重要指示："全力推进平安中国"，"进一步提高执法能力，进一步增强人民群众安全感和满意度"。2013年5月28日，习近平总书记对深化平安中国建设工作会议作出重要批示，要求政法机关"把人民群众对平安中国建设的要求作为努力方向"。保障人民群众的人身、生命、财产安全是保障人民安居乐业的重要前提，而衡量这些安全的重要指标则是人民群众的安全感，人民群众安全感的高低也是衡量一个国家法治化程度的重要指标以及政府执政合法性的重要标尺。打击各类影响社会安全稳定、危害人民生命财产安全的违法犯罪，维护人民群众的餐桌安全、信息安全、环境安全，预防和减少各类公共安全事故的发生，是法治建设的职责所在。尽管当前我国社会治安形势总体尚好，但仍处于刑事犯罪高发期，新的犯罪形式和手段不断出现，重大公共安全事故时有发生，公民的生命权、健康权、财产权不时遭到侵害，政法机关应在坚持宽严相济的刑事政策之下，对社会影响较大、人民群众反映较为强烈的重大刑事案件坚决打击，对食品安全、环境污染、个人信息保护等重点问题的专项治理，要深入排查化解矛盾，建立和完善"大调解"和社会稳定风险评估等机制，在网络安全、食品药品安全、环境安全、生产安全、人身安全等领域构筑起一道保障人民群众安居乐业的牢固屏障。

第三讲　坚持中国特色社会主义法治道路

中国特色社会主义法治道路本质上是中国特色社会主义道路在法治领域的具体体现。既要立足当前，运用法治思维和法治方式解决经济社会发展面临的深层次问题；又要着眼长远，筑法治之基、行法治之力、积法治之势，促进各方面制度更加成熟更加定型，为党和国家事业发展提供长期性的制度保障。要传承中华优秀传统法律文化，从我国革命、建设、改革的实践中探索适合自己的法治道路，同时借鉴国外法治有益成果，为全面建设社会主义现代化国家、实现中华民族伟大复兴夯实法治基础。

第一节　全面推进依法治国，必须走对路

旗帜指引方向，道路决定命运。走什么样的路、举什么样的旗，是关系法治建设的全局问题，在这个问题上一定要方向正确、道路正确。习近平总书记指出："全面推进依法治国，必须走对路。如果路走错了，南辕北辙了，那再提什么要求和举措也都没有意义了。"① 党的十八届四中全会通过的《中共中央关于全面推进依法治国若干重大问题的决定》向国内外明确宣示，我们要坚定不移走中国特色社会主义法治道路。中国特色社会主义法治道路，是社会主义法治建设成就和经验的集中体现，也是建设社会主义法治国家的唯一正确道路。我们要全面建设社会主义现代化国家，实现中华民族伟大复兴的中国梦，

---

① 习近平：《加快建设社会主义法治国家》，《求是》2015年第1期。

必须厉行法治，必须坚持全面依法治国战略，必须坚定不移走中国特色社会主义法治道路。

坚定不移走中国特色社会主义法治道路，必须以习近平新时代中国特色社会主义思想为指引，坚持党的领导、坚持以人民为主体、坚持法律面前人人平等、坚持依法治国和以德治国相结合、坚持从中国实际出发。坚定不移走中国特色社会主义法治道路，是中国共产党总结建设社会主义法治国家历史和实践经验教训基础上得出的重要结论，是社会主义法治建设成就和经验的集中体现，也是建设社会主义法治国家的唯一正确道路，是由我国基本国情决定的，也是由我国社会主义制度本身决定的。中国特色社会主义法治道路的核心要义，是坚持中国共产党的领导，坚持中国特色社会主义制度，贯彻中国特色社会主义法治理论。在中国特色社会主义法治建设中，我们始终坚持党的领导、坚持中国特色社会主义制度、贯彻中国特色社会主义法治理论，确保我国始终沿着中国特色社会主义的正确方向和道路全面推进依法治国。

首先，坚持走中国特色社会主义法治道路，必须坚持党的领导。党的领导和依法治国是高度统一的。党的领导是中国特色社会主义最本质的特征，是社会主义法治最根本的保证，把党的领导贯彻到依法治国全过程和各方面，是我国社会主义法治建设的一条基本经验。我国宪法确立了中国共产党的领导地位。坚持党的领导，是社会主义法治的根本要求，是党和国家的根本所在、命脉所在，是全国各族人民的利益所系、幸福所系，是全面依法治国的题中应有之义。坚持党的领导，必须具体体现在党领导立法、保证执法、支持司法、带头守法上。一方面，要坚持党总揽全局、协调各方的领导核心作用，统筹依法治国各领域工作，确保党的主张贯彻到依法治国全过程和各方面；另一方面，要改善党对依法治国的领导，不断提高党领导依法治国的能力和水平。新形势下，我们党要履行好执政兴国的重大职责，必须依据党章从严治党、依据宪法治国理政；党领导人民制定宪法和法律，党领导人民执行宪法和法律，党自身必须在宪法和法律范围内活动，真正做到党领导立法、保证执法、支持司法、带头守法。

其次，坚持走中国特色社会主义法治道路，必须坚持社会主义制度。法律制度与社会性质紧密相连，有什么样的社会性质，就必须实行与之相适应的法律制度。中国特色社会主义法治道路，始终植根于中国特色社会主义制度之中。中国特色社会主义制度是中国特色社会主义法治体系的根本制度基础，是全面依法治国的根本制度保障。走中国特色社会主义法治道路，是坚持和发展中国特色社会主义的必然要求，是中国特色社会主义道路在法治建设领域的具体体现。全面依法治国，必须高举中国特色社会主义伟大旗帜，从根本上规定和确保中国特色社会主义法治道路的制度属性和前进方向。

最后，坚持走中国特色社会主义法治道路，必须贯彻中国特色社会主义法治理论。坚定不移走中国特色社会主义法治道路，离不开中国特色社会主义法治理论的科学指引。改革开放以来，中国共产党把马克思主义基本原理同当代中国法治实际相结合，形成了中国特色社会主义法治理论。党的十八大以来，以习近平同志为核心的党中央崇尚法治、践行法治，强调全面落实依法治国基本方略，加快建设社会主义法治国家，坚持和改进党的领导方式和执政方式，提出了一系列全面依法治国新理念，形成了习近平法治思想，丰富了中国特色社会主义法治理论，为中国特色社会主义法治建设提供理论指导、学理支撑和行动指南。

第二节 运用法治思维和法治方式来深化改革、推动发展、化解矛盾、维护稳定

建设社会主义法治国家，实现国家各项工作法治化，是宪法的规定和党章的要求。1999年我国修改宪法，其中一个重要的修改内容是将法治作为国家建设的重要目标载入宪法之中："中华人民共和国实行依法治国，建设社会主义法治国家。"《中国共产党章程》要求："完善中国特色社会主义法律体系，加强法律实施工作，实现国家各项工作法治化。"党的十八大以来，以习近平

同志为核心的党中央高度重视法治建设，提出了一系列治国理政的新理念新思想新战略，法治思维和法治方式成为全党全国人民的价值共识和共同目标。2012年11月，党的十八大报告提出："提高领导干部运用法治思维和法治方式深化改革、推动发展、化解矛盾、维护稳定能力。"这一纲领性文献将"法治思维"和"法治方式"的要求扩大到所有领导干部，各级党委、政府、权力机关和司法机关的领导都要提高这方面的能力，抓住了法治建设的关键，是全面落实依法治国基本方略的重要保障。

2013年11月，党的十八届三中全会通过的《中共中央关于全面深化改革若干重大问题的决定》提出，要"坚持依法治理，加强法治保障，运用法治思维和法治方式化解社会矛盾"。《决定》提出："坚持用制度管权管事管人，让人民监督权力，让权力在阳光下运行，是把权力关进制度笼子的根本之策。"

2014年10月，党的十八届四中全会通过的《中共中央关于全面推进依法治国若干重大问题的决定》要求，"提高党员干部法治思维和依法办事能力"，"把善于运用法治思维和法治方式推动工作的人选拔到领导岗位上来"。《决定》提出："党员干部是全面推进依法治国的重要组织者、推动者、实践者，要自觉提高运用法治思维和法治方式深化改革、推动发展、化解矛盾、维护稳定能力，高级干部尤其要以身作则、以上率下。"

2017年10月，党的十九大报告将法治思维作为执政本领的一项重要思维内容，提出："增强政治领导本领，坚持战略思维、创新思维、辩证思维、法治思维、底线思维，科学制定和坚决执行党的路线方针政策，把党总揽全局、协调各方落到实处。"

法治思维是在法治精神的理性基础上，运用法律规范、法律原则和法律逻辑分析、综合、判断所遇到或所要处理的问题，进而形成结论或决定的认识活动，是依法治国、依法执政和依法行政的总体要求在思想认识层面的集中表现。实际上，法治思维就是知法懂法、信法守法和用法护法的思维。

树立法治思维，要求正确认识和处理法治与人治的关系。法治与人治最本质的区别在于权力来源和行使方式上。法治意味着权力来源于人民授权，行使权力要依宪依法，宪法法律具有崇高地位。人治则意味着，权力来源于领导和上级，宪法法律不过是其任意支配的工具。我们应当旗帜鲜明地坚持法治，反对人治。法治的根本要求是"限权"，即限制公权力，通俗地说就是"治官"。"这法那法，领导的看法最大""黑头不如红头，红头不如笔头，笔头不如口头"，这些说法实际上反映的是社会上法治意识的缺失。法治要求法律面前没有特权，所有国家权力都要服从宪法和法律，不允许个人凌驾法律、权力超越法律而伤害社会公共利益和公民私人利益。如果权力可以支配法律，那么就不存在法治，治国理政的方针政策和制度措施就没有标准，没有保障。

法治思维是一种制度思维。制定法律、实施法律都要靠人来完成，这个过程必须以法治方式实现，体现法治精神的要求。片面强调人和权力的作用，忽视法的作用，将会导致以言代法、以权压法，甚至徇私枉法、以权废法，这方面的教训值得我们深刻记取。应当坚决摒弃"长官意志至上""权力大于法律"的错误观念，坚决摒弃"官本位"和特权思想，牢固树立"民本位"和民本思想，全面遵守法律和各项制度的规定，依法运用权力，合法履行职责，既不能越权、滥权，也不能怠于行使职权。

当然，作为一种治理方式，法治也不是万能的。法律并不能规范、调整一切事物，不能依靠法律解决所有社会问题。但是，这并非意味着可以放弃法律、远离法律，更不能否定法治的意义，不能以短视的目光和急功近利的动机，实用主义地对待法治。越是在困难情况和复杂任务面前，越要坚持法治原则，对法治的态度不能因时而异、因事而异、因人而异。以维护稳定为由伤害法治，对社会矛盾不依法进行化解，为眼前需要而不择手段，会使违法行为获取好处，守法得不到利益，造成的后果是鼓励违法行为，打击守法积极性，增加化解矛盾维护稳定的成本，损害社会长治久安。实行法治虽会有代价，但是能够避免人治必然造成伤害人权、积累矛盾、陷入越治越乱怪圈的恶果。

法治是一种文化沉淀，是对法律和人权的尊重，是基于理性的信仰。法治建成的一个根本标志是对宪法法律发自内心地尊重和信仰，而不是将其作为实现自身目的的"工具"。如果每个人遇到问题首先想到的是法律，想到是不是合乎法律规范，想到法律是如何规定的，想到要依法办事，而不是首先想到找关系，那么法治社会才算真正建成。法治社会必须建立健全法律制度，但是建立起法律制度体系，如果不能真正落实，依然不是法治。正如古希腊哲学家亚里士多德在《政治学》一书中明确阐述的："法治应该包含两重含义：已成立的法律获得普遍的服从，而大家所服从的法律本身又应该是制定良好的法律。"坚持法治思维在法治建设中具有重要的积极作用，主要有以下三点。

第一，法治思维有助于实现国家治理体系和治理能力现代化。建设社会主义法治国家是社会主义现代化的重要目标。国家治理体系和治理能力的现代化，就是使国家治理体系制度化、科学化、规范化、程序化，使治理者善于运用法治思维和法律制度治理国家，从而把中国特色社会主义各方面的制度优势转化为治理国家的效能。推进国家治理体系和治理能力的现代化，要求我们及时更新治理理念，深入改革治理体制，丰富完善治理体系，努力提高治理能力。

"治国者，必以奉法为重。"党中央强调，依法治国是党领导人民治理国家的基本方略，法治是治国理政的基本方式，要更加注重发挥法治在国家治理和社会管理中的重要作用，全面推进依法治国，加快建设社会主义法治国家。善于运用法治思维，把社会矛盾预防化解纳入法治轨道，是实现社会安定有序、和谐活力的长效机制。各级党政机关及其工作人员应当牢固确立宪法至上、法律权威的意识，不断提高依法找法、用法靠法的能力，切实把发展这个第一要务、稳定这个第一责任和依法办事这个第一要求有机统一起来，不能因"维稳"而突破法律的底线，不能因担心"上访"而迁就个别人的非法要求，不能因片面的个别正义而牺牲规则之治的普遍正义。以法治的可预期性、可操作性、可救济性等优势来凝聚转型时期的社会共识，使不同利益主体求同存异，依法追求和实现自身利益最大化。

第二，法治思维有助于维护人民群众的最根本利益。法治思维提出的一个根本要求是正确认识权力的来源和行使方式。我国是人民当家作主的社会主义国家，国家的一切权力属于人民，宪法法律是党和人民意志的体现。忠于宪法法律，就是忠于党，就是忠于人民。实施宪法法律，就是实现党的意志，就是落实人民的意志。维护宪法法律的权威,就是维护党的权威,就是维护人民的权威。

法治思维是实现人民当家作主的必然要求。民主是实现法治的制度基础,而建立在民主基础上的法治是对民主真实性的制度保障,是对人民群众根本利益的维护。以法治为基础,能够使民主真正得到实现,能够促进社会公平正义,增进人民福祉。马克思主义权力观概括起来是两句话:权为民所赋,权为民所用。情是否为民所系,利是否为民所谋,源头和关键在于体现权为民所赋、权为民所用。要防止权力失范甚至权力滥用,就要科学配置权力,加强对权力的制约监督。要建立决策科学、执行坚决、监督有力的权力运行体系,形成科学有效的权力制约和协调机制,监督权力行使的质量,保障权力行使的目标,维护人民群众的最根本利益。

第三,法治思维有助于改进工作作风,克服官僚主义。邓小平同志曾经指出,官僚主义的"总病根"在于"权力过分集中"。用所谓的"领导指示""长官意志"来处理问题,是权力凌驾法律的体现,是缺乏法治思维的体现。其导致的结果是法治的权威和尊严荡然无存,人民群众普遍信访不信法、信大不信小、信上不信下,严重损害了人民权益,严重破坏了法治秩序。树立法治思维,就要以法治方式处理问题,想问题、作决策、办事情都必须遵循法治原则、坚守法律底线,从而在根本上破除"官本位"观念,提升管理理念和治理能力。

法治思维要求具有平等意识、规则意识和责任意识。法治思维蕴含着平等的要求。法律面前人人平等,任何组织和个人都没有特权,领导干部尤其不可逾越雷池。所谓"看人下菜""眼睛只往上看"都是置法治原则于不顾的错误作风,讲"关系"的"灵活处理"更是极大损害了法治的权威。法治思维蕴含着规则的要求。法律提供履行职责的根据,明确权力行使的边界,规范权力行使的形式。凡是法律规则做了要求的,就要按法律规则办理,不能随意突破规则、违反规则,重大改革也要于法有据。法治思维蕴含着责任的要求。权力行使会带来责任和后果,滥用权力就会被追究责任。要坚守职业良知,时刻意识到有权必有责,用权受监督,失职要问责,违法受追究。通过公正、公开、明确和普适的法律，实现他律与自律的融合。

推进全面依法治国的总目标是建设中国特色社会主义法治体系，建设社会主义法治国家。全面依法治国是建设中国特色社会主义现代化国家的重要内容，是新形势下发展全过程人民民主的根本保障，是实现国家治理现代化的重要内容和主要途径，是深化市场经济体制改革的内在需要，是加快法治中国建设的必然要求，是实现公平正义的基本途径，是反腐治权的治本之道。通过推进全面依法治国、加快建设法治中国，推进国家治理体系和治理能力现代化，在法治轨道上积极稳妥地深化各种体制改革，为全面建设社会主义现代化国家、实现中华民族伟大复兴中国梦提供制度化、法治化的引领、规范、促进和保障。

在国家治理中，要把全面依法治国战略举措放在"四个全面"的总体布局中来把握。全面依法治国是实现全面建设社会主义现代化国家战略目标的基本方式、可靠保障，在"四个全面"战略布局中处于支撑地位。全面依法治国与全面深化改革、全面从严治党这三个战略举措之间是相互联系、相互贯通的有机整体。国家发展、重大改革必须于法有据，整个改革过程都要发挥法治的引领和推动作用；深化改革贯穿依法治国的全过程，不断推进中国特色社会主义制度自我完善和发展；从严治党既要体现深化改革的要求，又必须在法治轨道上推进；无论全面深化改革还是全面依法治国，都离不开党的坚强领导，必须贯彻全面从严治党的要求，增强党自我净化、自我完善、自我革新、自我提高的能力。

法治是治国理政的基本方式。建设中国特色社会主义法治体系，建设社会主义法治国家，必须提高运用法治思维和法治方式深化改革、推动发展、化解矛盾、维护稳定的能力。法治思维和法治方式的核心是严守法治原则，牢固树立合法性思维，树立规则意识、程序意识、权利义务意识和责任意识，一切依法办事。法治思维和法治方式要求各级领导干部在参与立法、执法、司法、守法、监督和各类决策过程中，运用法治思维谋划工作，运用法治方式处理问题，做到在法治之下，而不是法治之外，更不是法治之上想问题、作决策、办事情，用法治思维和法治方式做好治国理政各项工作。

党的十八届四中全会《中共中央关于全面推进依法治国若干重大问题的决定》提出："将每年十二月四日定为国家宪法日。在全社会普遍开展宪法教育，弘扬宪法精神。建立宪法宣誓制度，凡经人大及其常委会选举或者决定任命的国家工作人员正式就职时公开向宪法宣誓。"2014年11月1日，十二届全国人大常委会第十一次会议通过《关于设立国家宪法日的决定》："将12月4日设立为国家宪法日。国家通过多种形式开展宪法宣传教育活动。"2015年7月1日，十二届全国人大常委会第十五次会议通过《关于实行宪法宣誓制度的决定》，规定："各级人民代表大会及县级以上各级人民代表大会常务委员会选举或者决定任命的国家工作人员，以及各级人民政府、人民法院、人民检察院任命的国家工作人员，在就职时应当公开进行宪法宣誓。"设立国家宪法日、建立宪法宣誓制度，有利于促进全社会特别是国家工作人员增强宪法意识，增强运用宪法思维分析解决问题的能力，养成尊重宪法、依法履职的意识。

一切掌握和行使公权力的机关和个人，都要对手中的权力负责，有权必有责，用权受监督。建立并实施严格的责任追究制度，是保证权力合法正当运行、防止权力腐败、乱作为、不作为、慢作为等各种违法违纪行为的重要保证。建立健全科学合理的责任追究制度体系，一方面要做到全覆盖，各级党政机关及其工作人员都受其约束，不存在只有权力而没有责任的组织和个人。另一方面，要把握好责任本身的严格性与责任追究规则的合理性之间的关系，既不透过，又不苛责，不把自己的责任推卸到他人身上。

任何领导干部都不得要求司法机关违反法定职责或法定程序处理案件，都不得要求司法机关做有碍司法公正的事情。近年来发现的一些冤假错案表明，外部干预司法机关办案，影响法院、检察院依法独立行使审判权和检察权，是造成冤假错案的重要因素之一。各级党政机关和领导干部要自觉贯彻落实中央要求，支持和保证同级司法机关对国家机关及公职人员依法进行监督，认真落实《关于领导干部干预司法活动、插手具体案件处理的记录、通报和责任追究规定》，为司法机关排除干扰、公正司法创造良好的环境。领导干部违法干预司法活动，造成后果或者恶劣影响的，要依法依规依纪给予纪律处分；造成冤假错案或者其他严重后果，构成犯罪的，依法追究刑事责任。领导干部对司法人员进行打击报复的，也要承担相应的党纪政纪和法律责任。

第三节　从我国革命、建设、改革的实践中探索适合自己的法治道路

在党的十八届四中全会正式作出了"全国推进依法治国"的重大战略决策部署后，如何更好更快地"建设社会主义法治国家"就成为法学研究的重要课题。法学研究需要文化支持和理论资源，法治建设需要整合、吸收和借鉴各方面的制度因素和法治资源。在中国特色社会主义法治建设中，一个重要问题就是将源自本土实践的文化传统和来自域外的法治资源进行整合，发展具有中国特色、符合中国实际、体现中国风格的中国特色社会主义法治理论，为中国特色社会主义法治中国建设提供思想理论指导和制度资源借鉴。

2016年5月17日，习近平总书记在哲学社会科学工作座谈会上指出，构建中国特色哲学社会科学，要善于融通把握好三方面资源：马克思主义的资源、中华优秀传统文化的资源和国外哲学社会科学的资源。具体来说，第一，马克思主义的资源，主要是马克思主义基本原理以及马克思主义和中国国情相结合形成的马克思主义中国化成果，在性质定位上，这方面的资源是中国特色哲学社会科学的主体内容，也是中国特色哲学社会科学发展的最大增量；第二，中华优秀传统文化的资源，主要是中华文化在漫长发展中所形成的灿烂文化和优良传统，在性质定位上，这方面的资源是中国特色哲学社会科学发展十分宝贵、不可多得的资源；第三，国外哲学社会科学的资源，是指中国之外的其他国家包括世界所有国家哲学社会科学取得的积极成果，在性质定位上，这方面的资源可以成为中国特色哲学社会科学的有益滋养。在此基础上，2017年10月18日，习近平总书记在党的十九大报告中强调，要推动中华优秀传统文化创造性

转化、创新性发展，继承革命文化，发展社会主义先进文化，不忘本来、吸收外来、面向未来，为建设社会主义现代化建设提供精神力量和文化支撑。2022年10月16日，习近平总书记在党的二十大报告中再次强调，要以社会主义核心价值观为引领，发展社会主义先进文化，弘扬革命文化，传承中华优秀传统文化满足人民日益增长的精神文化需求，巩固全党全国各族人民团结奋斗的共同思想基础，不断提升国家文化软实力和中华文化影响力。理论是实践的先导和集中反映。习近平总书记关于中国特色哲学社会科学发展的三方面资源理论，具有宽阔的世界视野、深邃的历史维度、鲜明的时代意识，既明确了马克思主义资源对于中国特色哲学社会科学构建中的主体地位，还明确了中华优秀传统文化资源、国外哲学社会科学资源对于中国特色哲学社会科学的重要作用，不仅对于中国特色哲学社会科学研究具有非常重要的理论指导价值，同时对于相关学科的实践建设发展同样具有积极的促进意义。法学历来是哲学社会科学研究的重镇，法治建设也是社会主义现代化建设的重要内容，中国的法学研究和法治建设同样也要统筹协调好马克思主义、中华优秀传统文化和国外哲学社会科学资源之间的关系，做好这三方面资源的融通。

相对于其他哲学社会科学，在法学研究和法治建设中，马克思主义、中华优秀传统文化和国外哲学社会科学这三方面资源之间的融通问题体现得尤为明显和突出。从历史发生学角度来看，中国的法治建设实际上起源于清末立宪，当时清政府面对军事外交的屡战屡败，开始睁眼看世界，主动学习西方，学习的内容也逐渐由学习西方的坚船利炮转而学习西方的法治制度和法治文化。因而，从因果关系上看，中国法学和中国法治的发展过程本身就是欧风美雨冲击下的直接产物，是西法东渐的直接结果。对此，著名法社会学家郭星华教授曾深刻地指出："整个近代史就是西方文化逐渐占据主流话语的过程，'言必称希腊''言必称西洋''言必称美国'，几乎就是中国近代以来学术界的真实写照。"[1] 这里所说的"言必称希腊、西洋、美国"实际上指涉的是国外文化尤其

---

[1] 郭星华：《法社会学教程》第二版，中国人民大学出版社2015年版，第307页。

是西方文化的影响,"言必称苏联"实际上描述的是马克思主义尤其是列宁主义对中国的影响,而这二者对中国影响扩大的同时,必然意味着中国传统文化的影响减弱和主导地位的消解。现代意义上的中国法学和中国法治的产生发展过程,其实就是西方法学及其法治理论和马克思主义法学及其法治理论逐渐影响中国的过程,也是中国传统法律文化从国家治理主流地位逐渐退缩的过程。从实践来源来看,我们现在的法学理论和法治制度基本上是学习借鉴吸收国外法学理论和制度实践的结果。影响我们法学理论和法治建设的主要国外因素有来自欧洲大陆的成文法传统、来自苏联的社会主义法学传统,以及中华传统法律文化。因此,在当前的法学研究和法治建设中,如何把握好马克思主义的资源、中华优秀传统文化的资源和国外哲学社会科学尤其是西方法学理论和法治理论资源,并对这三个方面资源进行有机结合、融会贯通,就成为一个无法回避的现实问题。

2014年10月20日,党中央召开了具有里程碑意义的十八届四中全会,这次会议上,党中央审议通过了《中共中央关于全面推进依法治国若干重大问题的决定》(以下简称《决定》)。在《决定》中,党中央第一次明确提出了"坚持走中国特色社会主义法治道路,建设中国特色社会主义法治体系"的法治建设总体目标,标志着我们的法治建设开始迈入了新的发展实施阶段。从最初的法制建设开始到如今的中国特色社会主义法治体系建设,中国法治建设已经走过了40多年的历史进程。在这40多年中,中国的现代化建设取得了巨大成就,中国共产党在执政方式和治国理念上也积累了宝贵的经验,取得了重大进展。尤其是党的十八大以来,随着"全面依法治国"战略布局的提出,作为一种治理方式,法治在中国已经获得了全社会的普遍接受和广泛认可,法治也成为事关国家长治久安的重要保障。从内容上看,中国特色社会主义法治建设本身就是一个复合型体系结构,马克思主义的资源、中华传统文化的资源和国外哲学社会科学的资源,各安其位,各司其职,都发挥着不可或缺的重要作用。从关系上看,马克思主义法学的资源、中华传统法律文化的资源和国外哲学社会科学特别是国外法学的资源三源并流,构成了中国特色社会主义法治建设长河的主体，经过各自的曲折发展，这三条源流殊途同归，最后又共同汇聚于中国特色社会主义法治建设之中。这样一来，马克思主义的资源、中华传统文化的资源和国外哲学社会科学的资源在中国特色社会主义法治建设中的和谐共存，就有效消解了长期以来这三方面资源在法治建设中的冲突问题，为这三方面资源的融会贯通提供了权威说明，也为中国特色社会主义法治建设指明了发展方向。

1. 坚持马克思主义作为中国特色社会主义法治的指导思想和行动纲领的基本地位，构筑中国特色社会主义法治建设主体内容和主流方向。 作为社会主义现代化建设的重要组成部分，中国特色社会主义法治建设要坚持正确的政治方向、坚守主流的思想方向。在新时代，中国特色社会主义法治建设必须高举马克思主义、中国特色社会主义伟大旗帜，以马克思列宁主义、毛泽东思想、邓小平理论、"三个代表"重要思想、科学发展观、习近平新时代中国特色社会主义思想为指导，坚持党的领导、人民当家作主、依法治国的有机统一，坚定不移走中国特色社会主义法治道路。在党的十八届四中全会确定的全面依法治国总目标中，"在中国共产党领导下，坚持中国特色社会主义制度，贯彻中国特色社会主义法治理论"是中国特色社会主义法治建设的本质特征。中国共产党是执政党，领导中国人民进行中国特色社会主义法治建设。作为国家最高政治领导力量，中国共产党的领导范围是包括党和国家的一切事业的，自然也包括中国特色社会主义法治建设。因此全面依法治国战略布局的推进，需要在党的领导下进行。而中国共产党的本质是马克思主义政党，因此，在中国特色社会主义法治建设中，要体现马克思主义的资源，反映党的主张和意志，展现马克思主义中国化时代化的最新实践成果。

中国特色社会主义法治建设始于1978年的改革开放，是改革开放的根本要求和必然结果。经过改革开放40多年来的发展，我们经济社会发展取得了巨大进展，与此同时，我们的法治建设也取得了重大突破。一个标志性的成就是经过40余年来的发展完善，中国特色社会主义法律体系已经基本形成。现在法治建设的一个重要使命是由原来的中国特色社会主义法律体系建设转向中国特色社会主义法治体系建设。从"法律体系"到"法治体系"虽然只有一字之差，但是其本质内涵是不一样的：法律体系建设意味着法治建设的重心在于加强立法，而法治体系建设意味着法治建设的重心在于加强实施。所以，党的十八届四中全会确定的全面依法治国总目标是建设中国特色社会主义法治体系，而不是法律体系。所以，进入新时代后，中国特色社会主义法治建设必须在马克思主义的指导下，把马克思主义普遍原理与中国具体实际紧密结合、同中华优秀传统文化相结合，植根于本土，侧重于实践，从本土实践中逐渐生长出符合中国国情、适用中国实际、体现中国精神的法律制度。对此，郭星华教授指出，虽然现代社会科学理论都发端于西方社会，但是，即使是马克思主义也有一个将普遍真理与中国革命的具体实践相结合的过程，包括法学在内的现代社会科学理论更需要与中国现代化的具体实践相结合。① 因此，中国特色社会主义法治建设更应当立足于中国百余年来尤其改革开放 40 多年来的社会变迁，研究中国的实际问题，创造中国的法学理论，形成中国的法治话语，最终形成具有中国特色的、反映中国国情的、体现中国文化的、与国际接轨的中国特色社会主义法治理论，中国法治应该充分利用中国百余年来的巨大历史变迁，创造中国的法治理论、构建中国的法学话语，为世界法治理论做出中国的贡献。② 在这个意义上，中国特色社会主义法学更应该聚焦于研究构建既有本土气息又有全球视野，既有民族特色又有世界意义，既有文化属性又有制度规则的中国特色社会主义法治理论，而不是外国哲学社会科学在中国的翻译，更不是国外某个人或某个学派的法学理论的汉语版本。由此可见，中国特色社会主义法治建设既坚持了马克思主义在法学研究和法治理论中的主导地位，同时又创造性地与中国法治实践相结合，使得中国特色社会主义法治建设既具有正确的政治方向，同时也有具体的制度内容，使得我们的法治建设可以真正为中国特色社会主义事业提供有力法治保障。

---

① 郭星华：《法社会学教程》第二版，中国人民大学出版社 2015 年版，第 1 页。
② 郑杭生：《促进中国社会学的"理论自觉"——我们需要什么样的中国社会学？》，《江苏社会科学》2009 年第 5 期。

马克思主义指导地位之确立是与中国特色社会主义法治建设之历程同步的。清末时期，在帝国主义侵略下，腐朽的晚清王朝轰然坍塌，整个中华民族面临着亡国灭种的危险。为了救亡图存，不少仁人志士前仆后继，上下求索，探索中华民族的复兴之路。在历经百般波折之后，终于找到了马克思主义，并将其确定为革命斗争的指导思想。中国共产党从诞生伊始，就致力于马克思主义与中国实际国情相结合，中国共产党的成长发展历程其实也就是中国共产党将马克思主义与中国实际国情相结合，逐渐探索和实现马克思主义中国化的过程。马克思主义引入中国后，对中国的影响是全方位的，不仅给中华传统文化带来了巨大变革，同时对中国社会实践也带来了深远影响。在革命时期，中国共产党坚持马克思主义基本原理同中国革命实践相结合，取得了革命战争的胜利；在社会主义建设时期，中国共产党立足于实践，积极以马克思主义为指导，取得了社会主义建设的伟大成就；在改革开放时期，中国共产党积极运用马克思主义研究解决各种重大理论和实践问题，指导党和人民取得了改革开放的历史性成就。作为中国特色社会主义事业极为关键的一个重要组成部分，我国哲学社会科学研究必然也要坚持以马克思主义为指导，沿着中国特色社会主义道路前进。法学研究作为我国哲学社会科学研究的一方重要阵地，必然要坚持以马克思主义法学为指导，沿着中国特色社会主义法治道路前进。

2. 将中华优秀传统文化作为中国特色社会主义法治的精神基因，为中国特色社会主义法治建设提供心理支持和根基支撑。 文化是民族的血脉，制度是文化的结晶。制度和文化相融相合才能更好地发挥文化的支撑作用和制度的规范作用。中国特色社会主义法治建设要想在文化心理层面获得人民的衷心拥护和广泛认可，必须要将来自域外的法治理念与传统法律文化进行有机契合。虽然法学界对传统法律文化一直贬多褒少，认为传统法律文化中的人治传统是现代法治的重大障碍。诚然，单纯从治理方式来看，传统法律文化对于我们现在进行的现代法治建设确实裨益不多，单从文化支撑和心理支持层面看，中华优秀传统法律文化是中国法治建设不可多得的宝贵资源，完全可以作为法治建设本身的一个有机组成部分而为人们所接受。

"文化是制度之母"。中国的法律制度建设是在中华传统文化的滋养中萌芽成长的，必然首先受到中华传统文化的影响。在传统文化发展史中，传统法律文化一直是中华传统文化的重要组成部分，形塑着中国法治建设的精神气质、制度结构和本质特性。与西方文化的征服属性不同，中华文化的本质特征是一种和谐文化，讲究天人合一、万物一体，不强调主体与客体之间的对抗征服。基于这种和谐取向的文化传统和思维模式，中国自古以来各个政治参与主体之间就是一种分工合作、协同互动的关系，如封建时代中的皇权与相权之间、朝廷与地方之间、国家官吏与民间乡绅之间，尽管有立场差异和利益区别，但都不是对峙对抗关系。在这种文化关系下，各参与方都有自己的价值主张、利益诉求和群体支持，形成了多元化、多层次、多维度的包容型政治架构。基于这种特殊的政治结构，中国文化形成了独树一帜的个人、社会和国家三者之间协同发展、共同进步的"家国同构"政治格局，在这种政治格局中，个人、社会和国家虽然分工作用不同，但在本质利益、共同价值和根本命运上具有内在一致性和高度的相通性。① 在这种"家国同构主义"影响之下，中国传统法律文化也呈现出不同于世界其他法系的独有特征，如伦理中心、家族主义，礼治秩序、差序格局，追求无讼、道德教化，民间权威、长老统治等。

对于中国传统文化意义上的治理模式，法学界一般概括为"人治""礼治"或"德治"。诚然，这种概括并不是完全没有道理，但是，将中国传统文化所倡导的"人治"与其他威权君主所实行的"人治"等同起来或者不加以严格区分，其实是对中国传统治理模式的一种误读。实际上，中国传统文化所倡导的人治是一种贤人政治，即"贤君为安国之本"，与柏拉图在《理想国》中所描述的"哲人王"统治有着异曲同工之妙。中国传统文化主张人治，是以性善论的人性预设为前提的，正因为人性本善，所以不需要借助外在的约束就可以经天纬地、治国安民。而治理国家最为关键的是统治者的人格，正如《荀子·君道》所说："有乱君，无乱国；有治人，无治法。"所以，性善的假设是人治模

---

① 梁漱溟：《中国文化要义》，上海人民出版社2005年版，第158页。

式逻辑上的根据。如果对传统人治模式进行细致的梳理，我们就会发现，与其说其是一种人治模式，不如说是一种"仁治"模式。"仁治"包括"人治""礼治"和"德治"三种因素在内，或者说"人治""礼治""德治"皆为"仁治"的一个有机组成部分或表现形式，单独将其中任何一个因素抽调出来都不能充分表达"仁治"的复杂含义。在这三者之中，"人治"是从治理主体角度而言，治理国家必须以人为本，因为人是社会活动的主体，制度规定得再完善，最终也离不开人的执行，即"徒法不足以自行"。不论是作为统治者的人，还是作为具体执行者的人，都必须是道德上高尚的人，而不是任意的人，更不是道德卑劣的小人。"礼治"主要是从治理方式而言，古代的礼在作用与内涵上相当于现代的民法，所以蔡元培先生才说："我国古代有礼、法之别。法者，今者所谓刑法也；而今之所谓民法，则颇具于礼。"① 礼法并用，是中国古代社会法律思想和法律制度的显著特点。"礼"不仅具有法的属性，同时又是道德规范。礼与法在作用上的区别是："礼者，禁于将然之前；法者，禁于将然之后。""德治"则是从治理精神角度而言。从逻辑上看，"德治"是"人治"的自然延伸，"德治"的一个重要体现就是"德主刑辅"思想的提出。"德主刑辅"是传统儒家法律思想的核心，它有两层含义：一是在治国方略上，应以德教为主，以刑法为辅；二是指刑法应体现道德原则，使刑法成为维护道德的工具。"德治"实际上是一种德教优先主义的主张，认为通过道德教化而培养民众的道德品质，就会使其自觉遵守社会秩序，而且其效果要远远好于单纯的刑罚。在这三者中，以人治为特征，以礼治为形式，以德治为目的，三者三位一体，共同构成了完整意义上的"仁治"模式。因此，中国传统文化心目中的理想治理模式应该是包容"人治""礼治"和"德治"三者在内的"仁治"思想，将其中任何一个要素拿开，都不是完整意义上的中国传统治理模式。

对于中华传统文化的态度，我们要秉持"取其精华、弃其糟粕"原则。在实践中，首先面临的一个问题是如何在纷纭复杂的传统文化中，将"精华"

---

① 中国蔡元培研究会编：《蔡元培全集》第三卷（1917—1919），浙江教育出版社1997年版，第386页。

和"糟粕"区分、识别出来。在对待中华传统文化的态度上，我们既不能盲目乐观、目空一切，也不能自惭形秽、自我矮化，而是应该对中国优秀传统文化进行创造性转化、创新性发展。① 具体到中国特色社会主义法治建设，要实现《决定》中提出的"科学立法、严格执法、公正司法、全民守法"的法治建设目标，不仅需要建立起一整套科学合理的法律制度体系，更需要建立起与这套法律制度体系相配套的法治文化。任何行之有效的制度都需要与传统相契合，与文化相适应。尽管中华传统文化中有不少因素是非法治的甚至是反法治的，但要想使法治尽快融入民族的血脉之中内化为行为习惯，就需要对中华优秀传统文化进行创造性转换和创新性发展，尽可能地使中华优秀传统文化与现代法治建设相融合。②

3. 将国外法治资源作为中国特色社会主义法治的有益滋养，为中国特色社会主义法治建设提供制度参考和资源借鉴。晚清末年，国势动荡，政局不安。国外西洋诸强倚仗坚船利炮屡屡入侵中国，一败涂地的清政府束手无策，只能割地赔款求和；而在国内，民变四起，革命浪潮风起云涌，甚嚣尘上。面对内外交困的残败格局，清政府无可奈何，只能寻求变革。慈禧太后于1901年1月29日发布"变法"上谕："世有万古不易之常经，无一成不变之治法"，实行"新政"，开始了清末立宪运动。1901年变法上谕作为清末改革运动宪章，标志着清末改制正式拉开了帷幕，从此确立"师从西方"的发展之路，对西方法治文化的学习和对西方法律制度的引入便成为中国法治发展的现实之路。

西方的法治主义传统源远流长，从古希腊时期亚里士多德"法治 = 良好 + 守法"公式的提出，到中世纪晚期"罗马法的继受"运动的兴起，再到近现代以来的"法律至上"地位的确立和"法律帝国"的崛起，西方社会治理模式的主流始终是法治模式。现在的西方法治已从传统的现代化法治发展为"后现代"法治，而当前中国还停留在法治现代化建设阶段，因此，西方法治发达国家的法治建设经验教训可以供我们吸收借鉴。比如，英国的法治建设是建立在本国

---

① 林毓生：《中国传统的创造性转化》，北京三联书店1988年版，第291页。
② 习近平：《论坚持全面依法治国》，中央文献出版社2020年版，第111页。

君主立宪制基础上，从中我们可以借鉴如何在现代法治和传统文化中寻找一种平衡；比如，法国的法治建设是和法国大革命相伴相随的，从中我们可以借鉴如何在革命文化中构建法治文化；比如，日本的法治建设是自上而下地有序进行的，从中我们可以借鉴在温和的社会变革中逐渐发展起法治文化。除此之外，德国的、美国的、苏联的法治建设都给我们提供了不同角度的经验教训，对此，我们可以充分吸收、大胆借鉴。《决定》指出，中国特色社会主义法治建设的最终目的是"促进国家治理体系和治理能力现代化"，而要想实现这个目标，需要坚持"依法治国、依法执政、依法行政共同推进"和"法治国家、法治政府、法治社会一体建设"。从词源学来看，这些概念无一例外都是国外哲学社会科学研究的重大问题，都是国外法学研究和法治建设理论关注的重要话题，只不过在中国语境中，这些问题和话题经过时空转换，变成了法治建设的中国问题。因此，中国特色社会主义法治建设离不开国外哲学社会科学的资源成果，无法脱离国外法治文化的滋养而单独进行成长发展。

需要特别强调指出的是，在中国特色社会主义法治建设过程中，国外的尤其是西方国家的法治建设经验固然是我们应当吸收借鉴的宝贵资源之一，但这并不意味着西方的法治话语就是唯一正确的法治话语。西方法治经验的成功只是表明在西方文化的统摄之下，西方法治文化具有适应西方社会的价值属性，并不意味着西方法治文化可以放之四海而皆准。事实上，西方法治文化与西方社会的契约精神、市场经济、自由主义、理性文化是分不开的。但是中国传统封建社会是一个伦理本位、小农经济、集体主义和乐感文化占主导的社会，人治传统久远、规则意识缺乏，天理、人情、王法的排序中，法律是在天理和人情之后的，也就说伦理、道德、人情、关系的地位要远远高于法律规则。因此，在中国特色社会主义法学研究中，充分吸收借鉴西方法治话语是必要的，也是必需的，但同时必须加大对本土文化的研究力度，从中国的实际出发，研究中国社会现实问题，提升中国的法学理论和法治学说，中国的法学研究和法治建设才能从根本上摆脱对西方法治资源的路径依赖，才能摆脱对西方法治话语的学术盲从，才能在激荡变革的社会转型中提升理论自觉，树立文化自信，解释社会现实,指导社会实践。

我国法治建设的目标虽然已经确定,但中国法治建设道路具体怎么走,学界一直存在着较大的争议。有些人认为,中国法治传统缺失,法治土壤缺乏,在这种情况下要想进行法治建设必须积极借鉴国外发达国家尤其是西方法治发达国家的成功经验,移植借鉴西方法治发达国家的制度规则,以尽快地建立起现代化法治国家。但也有一些人秉承"法律是一种地方性知识"的论断,认为法律为一种文化现象,是和语言、风俗、习惯一样,是内化于一个民族、一个国家的血脉之中的,是无法通过移植来实现的,只能通过挖掘本土资源,改造传统文化土壤,从中探索发展出适合本土文化和社会现实的法治发展模式。[①] 其实,从文化的视角来看,中国的法治发展道路之争,实际上是西方法治文化和中国传统法律文化之间的交际、会合、冲突问题。从文化的视角来看,法律规则不同于经济贸易规则,在法律规则的背后,蕴含着丰富的传统文化和深厚的民族精神,而传统文化和民族精神是无法通过移植引进而建立起来的。"制度背后是文化",作为一种文化现象的法律制度要想真正在社会实践中发挥其应有作用,还必须要和民族精神、传统文化密切结合。马克思主义的资源、中华优秀传统文化的资源和国外哲学社会科学资源构成了中国法学研究最主要的资源趋向,为中国法治建设提供了丰厚的文化滋养。在这三方面资源中,马克思主义是中国法治建设的指导思想,为中国法治建设提供主体内容和主导方向;中华传统优秀文化是中国法治建设的根基所在,为中国法治建设提供源源不断的动力支持和文化支撑;国外哲学社会科学是中国法治建设不可或缺的资源,为中国法治建设提供必不可少的有益滋养。

[①] 苏力:《二十世纪中国的现代化和法治》,《法学研究》1998年第1期。

第四讲　坚持依宪治国、依宪执政

党领导人民制定宪法法律，领导人民实施宪法法律，党自身要在宪法法律范围内活动。全国各族人民、一切国家机关和武装力量、各政党和各社会团体、各企事业组织，都必须以宪法为根本的活动准则，都负有维护宪法尊严、保证宪法实施的职责。坚持依宪治国、依宪执政，就包括坚持宪法确定的中国共产党领导地位不动摇，坚持宪法确定的人民民主专政的国体和人民代表大会制度的政体不动摇。

第一节　依法治国首先要依宪治国

"法者，天下之程式也，万事之仪表也。"建设法治中国，必须高度重视宪法在治国理政中的重要地位和作用，坚持依宪治国、依宪执政，把全面贯彻实施宪法作为首要任务，健全保证宪法全面实施的体制机制，将宪法实施和监督提高到新水平。[①] 我国现行宪法是1982年审议通过的，以国家根本法的形式，确立了一系列制度、原则和规则，制定了一系列大政方针，反映了我国各族人民共同意志和根本利益。40多年的实践充分表明，我国宪法有力坚持了中国共产党领导，有力保障了人民当家作主，有力促进了改革开放和社会主义现代化建设，有力推动了社会主义法治国家建设进程，有力维护了国家统一、民族团结、社会稳定。

---

① 《中共中央印发　法治中国建设规划（2020—2025年）》，《人民日报》2021年01月11日。

从地位作用上看，宪法是国家的根本法，是治国安邦的总章程，是党和人民意志的集中体现。①我国宪法规定了国家的根本制度，规定了国家公权力的组织体系、职责权限和行为标准，确立了国家权力的分工和相互监督机制。依宪治国，就是要按照宪法的要求，规范国家公权力的良好运行，加强对公权力的有效监督。由于宪法的许多规定主要是依靠国家机关去执行的，因此强调依宪治国，一个重要方面，就是各级国家机关及其工作人员，特别是领导干部应当带头学好宪法，熟悉宪法，遵守宪法，维护宪法，严格依照宪法办事，真正把宪法作为根本活动准则。新中国成立以来特别是改革开放40多年来，宪法在我们党治国理政实践中发挥了十分重要的作用。党的十八大以来，党中央多次强调，坚持依法治国首先要坚持依宪治国，坚持依法执政首先要坚持依宪执政。党的十九大强调，加强宪法实施和监督，推进合宪性审查工作，维护宪法权威，加大全民普法力度，建设社会主义法治文化，树立宪法法律至上、法律面前人人平等的法治理念，尤其是各级党组织和全体党员要带头尊法学法守法用法，任何组织和个人都不得有超越宪法法律的特权，绝不允许以言代法、以权压法、逐利违法、徇私枉法。党的十九届二中全会强调，我国宪法必须随着党领导人民建设中国特色社会主义实践的发展而不断完善发展，这是我国宪法发展的一个显著特点，也是一条基本规律。宪法只有不断适应新形势才能具有持久生命力。党的二十大进一步指出，坚持依法治国首先要坚持依宪治国，坚持依法执政首先要坚持依宪执政，坚持宪法确定的中国共产党领导地位不动摇，坚持宪法确定的人民民主专政的国体和人民代表大会制度的政体不动摇。②因此，在中国特色社会主义进入了新时代后，根据治国理政新理念新思想新战略修改宪法、完善法治，是党和国家政治生活中的一件大事，是党中央从新时代坚持和发展中国特色社会主义的全局和战略高度作出的重大政治决策，也是推进全面依法治国、推进国家治理体系和治理能力现代化的重大举措。

---

① 习近平：《论坚持全面依法治国》，中央文献出版社2020年版，第126页。
② 习近平：《高举中国特色社会主义伟大旗帜　为全面建设社会主义现代化国家而团结奋斗——在中国共产党第二十次全国代表大会上的报告》，《人民日报》2022年10月26日。

法律体系的形成和完善是法治建设的前提，只有在完备的法律规范体系基础上，才有可能建立完备的法律制度。法治建设的使命在于通过法律规定的形式来规范公权、保障私权，最终实现人权保障的终极价值。基于法治建设的价值性使命，法律体系也要体现人权精神，以人权保障为使命。因此法律体系基本价值也应该以规范公权、保障私权为根本旨归。而宪法作为国家最高法，调整的是国家权力和公民权利之间的规范关系，宪法的价值主要体现在对国家权力的限制和对公民权利的保障上。在法律体系的形成和完善中，必须要以宪法为价值核心，以人权保障为根本使命，使得法律体系的形成和完善与宪法价值的实现有机结合起来，最终形成以宪法为统帅的、反映宪法基本价值的法律体系。法律体系和宪法的关系，可以概括为一句话：宪法是普通法律的立法基础，而普通法律是宪法的具体体现。

2020年1月，党中央印发的《法治中国建设规划（2020—2025年）》专门强调要加强宪法实施和监督。全国人大及其常委会要切实担负起宪法监督职责，加强宪法实施和监督，并将其作为全国人大常委会年度工作报告的重要事项。全国人大及其常委会通过的法律和作出的决定决议，应当确保符合宪法规定、宪法精神。推进合宪性审查工作，健全合宪性审查制度，明确合宪性审查的原则、内容、程序。建立健全涉及宪法问题的事先审查和咨询制度，有关方面拟出台的行政法规、军事法规、监察法规、地方性法规、经济特区法规、自治条例和单行条例、部门规章、地方政府规章、司法解释以及其他规范性文件和重要政策、重大举措，凡涉及宪法有关规定如何理解、实施、适用问题的，都应当依照有关规定向全国人大常委会书面提出合宪性审查请求。在备案审查工作中，应当注重审查是否存在不符合宪法规定和宪法精神的内容。加强宪法解释工作，落实宪法解释程序机制，回应涉及宪法有关问题的关切。①

党的十八大以来，全面依法治国深入推进，宪法至上理念深入人心，合宪性审查工作也提上了议事日程。党的十八届三中全会提出，要进一步健全宪

---

① 《中共中央印发 法治中国建设规划（2020—2025年）》，《人民日报》2021年01月11日。

法实施监督机制和程序;党的十八届四中全会强调,"完善全国人大及其常委会宪法监督制度,健全宪法解释程序机制。加强备案审查制度和能力建设,把所有规范性文件纳入备案审查范围,依法撤销和纠正违宪违法的规范性文件"。党的十九大报告首次提出"推进合宪性审查工作",为保障法治统一性、维护宪法权威提供了坚实的政策依据和行动指南,有助于解决束缚法治建设的瓶颈问题,为深入全面推进依法治国提供强大动力。2021年10月13日,习近平总书记在中央人大工作会议上发表重要讲话强调,要全面贯彻实施宪法,维护宪法权威和尊严。全国人大及其常委会要完善宪法相关法律制度,保证宪法确立的制度、原则、规则得到全面实施,要加强对宪法法律实施情况的监督检查。地方各级人大及其常委会要依法行使职权,保证宪法法律在本行政区域内得到遵守和执行,自觉维护国家法治统一。党的二十大强调,完善和加强备案审查制度。坚持科学决策、民主决策、依法决策,全面落实重大决策程序制度。

依法治国首先要坚持依宪治国,依法执政首先要坚持依宪执政。宪法是我国的根本法,规定了最为根本的国家制度和国家任务。全面贯彻实施宪法是全面依法治国、建设社会主义法治国家的首要任务和基础性工作。合宪性审查的目的是保证法律与宪法相一致,依法撤销和纠正违宪违法的规范性文件,使下位规范符合上位规范。同时,我们应当落实宪法解释程序机制,加强备案审查制度和能力建设,从而坚持和保障宪法法律至上。合宪性审查是由有关权力机关依据宪法和相关法律的规定,对可能存在违反宪法规定的法律法规、规范性文件以及国家机关履行宪法职责的行为进行审查,并对发现违反宪法的问题予以纠正,以维护宪法的权威。合宪性审查所要解决的问题是违宪问题,目的是维护宪法权威、保证宪法实施,维护依法治国价值要求的实现。合宪性审查作为一项专门性工作,必须由宪法和相关法律所规定的专门国家机关来依法进行,才能保证合宪性审查活动自身的权威性和法律效力。

第二节　宪法必须随着实践发展而不断发展

我国现行宪法可以追溯到1949年具有临时宪法作用的《中国人民政治协商会议共同纲领》和1954年一届全国人大一次会议通过的《中华人民共和国宪法》。这些文献都以国家根本法的形式，确认了近代100多年来中国人民为反对内外敌人、争取民族独立和人民自由幸福进行的英勇斗争，确认了中国共产党领导中国人民夺取新民主主义革命胜利、中国人民掌握国家权力的历史变革。

1978年，我们党召开具有重大历史意义的十一届三中全会，开启了改革开放历史新时期，发展社会主义民主、健全社会主义法制成为党和国家坚定不移的基本方针。在这次会议上，邓小平同志深刻指出："为了保障人民民主，必须加强法制。必须使民主制度化、法律化，使这种制度和法律不因领导人的改变而改变，不因领导人的看法和注意力的改变而改变。"① 根据党的十一届三中全会确立的路线方针政策，总结我国社会主义建设正反两方面经验，深刻吸取十年"文化大革命"的沉痛教训，借鉴世界社会主义成败得失，适应我国改革开放和社会主义现代化建设、加强社会主义民主法制建设的新要求，我们于1982年制定了我国现行宪法。同时，宪法只有不断适应新形势、吸纳新经验、确认新成果，才能具有持久生命力。1988年、1993年、1999年、2004年、2018年，全国人大分别对我国宪法个别条款和部分内容作出必要的也是十分重要的修正，使我国宪法在保持稳定性和权威性的基础上紧跟时代前进步伐，不断与时俱进。

我国宪法以国家根本法的形式，确立了中国特色社会主义道路、中国特色社会主义理论体系、中国特色社会主义制度的发展成果，反映了我国各族人民的共同意志和根本利益，成为历史新时期党和国家的中心工作、基本原则、重

---

① 《邓小平文选》第二卷，人民出版社1994年版，第146页。

大方针、重要政策在国家法治上的最高体现。40年多来，我国宪法以其至上的法治地位和强大的法治力量，有力保障了人民当家作主，有力促进了改革开放和社会主义现代化建设，有力推动了社会主义法治国家进程，有力促进了人权事业发展，有力维护了国家统一、民族团结、社会稳定，对我国政治、经济、文化、社会生活产生了极为深刻的影响。40多年来的发展历程充分证明，我国宪法是符合国情、符合实际、符合时代发展要求的好宪法，是充分体现人民共同意志、充分保障人民民主权利、充分维护人民根本利益的好宪法，是推动国家发展进步、保证人民创造幸福生活、保障中华民族实现伟大复兴的好宪法，是我们国家和人民经受住各种困难和风险考验、始终沿着中国特色社会主义道路前进的根本法治保证。

再往前追溯至新中国成立以来70多年我国宪法制度的发展历程，我们可以清楚地看到，宪法与国家前途、人民命运息息相关。维护宪法权威，就是维护党和人民共同意志的权威。捍卫宪法尊严，就是捍卫党和人民共同意志的尊严。保证宪法实施，就是保证人民根本利益的实现。只要我们切实尊重和有效实施宪法，人民当家作主就有保证，党和国家事业就能顺利发展。反之，如果宪法受到漠视、削弱甚至破坏，人民权利和自由就无法保证，党和国家事业就会遭受挫折。这些从长期实践中得出的宝贵启示，必须倍加珍惜。我们要更加自觉地恪守宪法原则、弘扬宪法精神、履行宪法使命。宪法的生命在于实施，宪法的权威也在于实施。因此要坚持不懈抓好宪法实施工作，把全面贯彻实施宪法提高到一个新水平。

一是坚持党的领导、人民当家作主、依法治国有机统一。改革开放以来，我们党团结带领人民在发展社会主义民主政治方面取得了重大进展，成功开辟和坚持了中国特色社会主义政治发展道路，为实现最广泛的人民民主确立了正确方向。这一政治发展道路的核心思想、主体内容、基本要求都在宪法中得到了确认和体现，其精神实质是紧密联系、相互贯通、相互促进的。国家的根本制度和根本任务，国家的领导核心和指导思想，工人阶级领导的、以工农联盟为基础的人民民主专政的国体，人民代表大会制度的政体，中国共产党领导的多党合作和政治协商制度、民族区域自治制度以及基层群众自治制度，爱国统一战线，社会主义法制原则，民主集中制原则，尊重和保障人权原则，等等，这些宪法确立的制度和原则，我们必须长期坚持、全面贯彻、不断发展。

二是继续完善以宪法为统帅的中国特色社会主义法律体系。宪法确立了社会主义法治的基本原则，明确规定中华人民共和国实行依法治国，建设社会主义法治国家，国家维护社会主义法治的统一和尊严。落实依法治国基本方略，加快建设社会主义法治国家，必须全面推进科学立法、严格执法、公正司法、全民守法进程。我们要以宪法为最高法律规范，继续完善以宪法为统帅的中国特色社会主义法律体系，把国家各项事业和各项工作纳入法治轨道，实行有法可依、有法必依、执法必严、违法必究，维护社会公平正义，实现国家和社会生活制度化、法治化。

三是切实保障公民的基本权利和义务。公民的基本权利和义务是宪法的核心内容，宪法是每个公民享有权利、履行义务的根本保证。宪法的根基在于人民发自内心的拥护，宪法的伟力在于人民出自真诚的信仰。只有保证公民在法律面前一律平等，尊重和保障人权，保证人民依法享有广泛的权利和自由，宪法才能深入人心，走入人民群众，宪法实施才能真正成为全体人民的自觉行动。

四是党自身必须在宪法和法律范围内活动。坚持党的领导，更加注重改进党的领导方式和执政方式。依法治国，首先是依宪治国；依法执政，关键是依宪执政。新形势下，我们党要履行好执政兴国的重大职责，必须依据党章从严治党、依据宪法治国理政。党领导人民制定宪法和法律，党领导人民执行宪法和法律，党自身必须在宪法和法律范围内活动，真正做到党领导立法、保证执法、支持司法、带头守法。

第三节　为新时代中国特色社会主义提供宪法保障

党的十八大以来，以习近平同志为核心的党中央团结带领全党全国各族人民毫不动摇坚持和发展中国特色社会主义，创立了习近平新时代中国特色社会主义思想，推动中国特色社会主义进入了新时代。党的十九大在新的历史起点上对新时代坚持和发展中国特色社会主义作出重大战略部署，提出了一系列重大政治论断，确定了新的奋斗目标。新时代坚持和发展中国特色社会主义的新形势新任务要求我们必须对我国宪法作出适当修改，由宪法及时确认党和人民创造的伟大成就和宝贵经验，更好发挥宪法对新时代坚持和发展中国特色社会主义的重大保障作用，广泛动员和组织全国各族人民为夺取新时代中国特色社会主义伟大胜利而奋斗。党的十九届二中全会审议通过《中共中央关于修改宪法部分内容的建议》，把党的十九大确定的重大理论观点和重大方针政策载入国家根本法，体现党和国家事业发展的新成就新经验新要求，为的就是更好发挥宪法的规范、引领、推动、保障作用，为实现"两个一百年"奋斗目标和中华民族伟大复兴的中国梦提供宪法保障。2018年2月24日，十九届中共中央政治局就我国宪法和推进全面依法治国举行第四次集体学习。习近平总书记在主持学习时强调，决胜全面建成小康社会、开启全面建设社会主义现代化国家新征程、实现中华民族伟大复兴的中国梦，推进国家治理体系和治理能力现代化、提高党长期执政能力，必须更加注重发挥宪法的重要作用。要坚持党的领导、人民当家作主、依法治国有机统一，加强宪法实施和监督，把国家各项事业和各项工作全面纳入依法治国、依宪治国的轨道，把实施宪法提高到新的水平。

  1982年12月4日，现行宪法在五届全国人大五次会议上正式通过并颁布。现行宪法以国家根本法的形式，确立了一系列制度、原则和规则，制定了一系列大政方针，反映了我国各族人民共同意志和根本利益。40多年来的法治实践充分表明，我国宪法有力坚持了中国共产党领导，有力保障了人民当家作主，有力促进了改革开放和社会主义现代化建设，有力推动了社会主义法治国家建设进程，有力维护了国家统一、民族团结、社会稳定。截止到党的十九大之前，根据1988年4月12日第七届全国人民代表大会第一次会议通过的《中华人民共和国宪法修正案》、1993年3月29日第八届全国人民代表大会第一次会议通过的《中华人民共和国宪法修正案》、1999年3月15日第九届全国人民代表大会第二次会议通过的《中华人民共和国宪法修正案》和2004年3月14日第十届全国人民代表大会第二次会议通过的《中华人民共和国宪法修正案》，现行宪法共进行了四次修正。

进入新时代以来，我们党高度重视宪法在治国理政中的重要地位和作用，明确坚持依法治国首先要坚持依宪治国，坚持依法执政首先要坚持依宪执政，把实施宪法摆在全面依法治国的突出位置，采取一系列有力措施加强宪法实施和监督工作，为保证宪法实施提供了强有力的政治和制度保障。① 实践充分证明，我国现行宪法是一部好宪法，好就好在符合国情、符合实际、符合时代发展要求，好就好在充分体现人民共同意志、充分保障人民民主权利、充分维护人民根本利益，好就好在推动国家发展进步、保证人民创造幸福生活、保障中华民族实现伟大复兴，好就好在为我们国家和人民经受住各种困难和风险考验、始终沿着中国特色社会主义道路前进提供了根本法治保障。实践充分证明，我国现行宪法具有显著优势、坚实基础、强大生命力，必须坚决维护、长期坚持、全面贯彻。修改宪法部分内容，把党和人民在实践中取得的重大理论创新、实践创新、制度创新成果上升为宪法规定，由宪法及时确认党和人民创造的伟大成就和宝贵经验，是为了更好发挥宪法的规范、引领、推动、保障作用，是实践发展的必然要求。

宪法是国家的根本法，是治国安邦的总章程，是党和人民意志的集中体现，在治国理政中发挥了极为重要的统领作用。党的十九大闭幕后不久，党中央就从国家治理顶层设计高度统筹谋划宪法修改问题。2017年9月29日，习近平总书记主持召开中央政治局会议，决定启动宪法修改工作，对宪法适时作出必要修改。为此，决定成立宪法修改小组，在中共中央政治局常委会领导下开展工作。2017年12月27日，中共中央政治局召开会议，决定2018年1月在北京召开中国共产党第十九届中央委员会第二次全体会议，主要议程是，讨

---

① 习近平：《论坚持全面依法治国》，中央文献出版社2020年版，第127页。

论研究修改宪法部分内容的建议。中共中央总书记习近平主持会议。2018年1月18日至19日，中国共产党第十九届中央委员会第二次全体会议在北京举行。中央委员会总书记习近平作了重要讲话。全会审议通过了《中共中央关于修改宪法部分内容的建议》，张德江同志就建议草案向全会作了说明。党中央决定用一次全会专门讨论宪法修改问题，充分表明党中央对这次宪法修改的高度重视。全会强调，由宪法及时确认党和人民创造的伟大成就和宝贵经验，以更好发挥宪法的规范、引领、推动、保障作用，是实践发展的必然要求。中国特色社会主义进入新时代，这是我国发展新的历史方位。根据新时代坚持和发展中国特色社会主义的新形势新任务，有必要对我国宪法作出适当的修改。宪法是国家各项制度和法律法规的总依据，充实宪法的重大制度规定，对完善和发展中国特色社会主义制度具有重要作用。2018年3月5日，十三届全国人大一次会议开幕会举行，习近平总书记等党和国家领导人出席大会。开幕会后，十二届全国人大常委会副委员长兼秘书长王晨作关于《中华人民共和国宪法修正案（草案）》的说明，各代表团开始审议宪法修正案草案。2018年3月11日下午，十三届全国人大一次会议第三次全体会议，以2958票赞成，2票反对，3票弃权，投票表决通过了《中华人民共和国宪法修正案》。此次宪法修正案是现行宪法的第五次修改，对我国现行宪法作出21条修改，其中11条同设立监察委员会有关。

宪法作为治国安邦的总章程，在我们党治国理政活动中具有十分重要的地位和作用。在保持宪法连续性、稳定性、权威性的基础上，推动宪法与时俱进、完善发展，这是我国法治实践的一条基本规律。从1954年我国第一部宪法诞生至今，我国宪法一直处在探索实践和不断完善过程中。1982年宪法公布施行后，分别进行了5次修改。通过修改，我国宪法在中国特色社会主义伟大实践中紧跟时代步伐，为改革开放和社会主义现代化建设提供了根本法治保障。实践证明，及时把党和人民创造的伟大成就和宝贵经验上升为国家宪法规定，实现党的主张、国家意志、人民意愿的有机统一，是我们党治国理政的一条成功经验。

习近平总书记指出："维护宪法权威，就是维护党和人民共同意志的权威。捍卫宪法尊严，就是捍卫党和人民共同意志的尊严。保证宪法实施，就是保证人民根本利益的实现。"① 修改宪法是为了更好实施宪法，更好发挥宪法的国家根本法作用。全面贯彻实施宪法，是建设社会主义法治国家的首要任务和基础性工作。我们要以这次宪法修改为契机，把实施宪法摆在新时代全面依法治国的突出位置，采取有力措施加强宪法实施和监督工作，为保证宪法实施提供强有力的政治和制度保障，把依法治国、依宪治国提高到一个新水平。②

宪法是治国安邦的总章程，修改宪法是党和国家政治生活中的一件大事。宪法修改是时代必然、实践必要、法治必需。十三届全国人大第一次会议表决通过的宪法修正案，将习近平新时代中国特色社会主义思想载入宪法，顺应了时代大势、顺应了事业发展、顺应了党心民心。中华民族之所以能迎来从站起来、富起来到强起来的历史性飞跃，开创中国特色社会主义新时代，根本在于以习近平同志为核心的党中央的坚强领导，根本在于习近平新时代中国特色社会主义思想的科学指引，根本在于习近平总书记作为党的核心、军队统帅、人民领袖的掌舵领航。我们要从政治和全局的高度，深刻认识宪法修改的重大意义，提高政治站位，深刻领悟"两个确立"的决定性意义，树牢"四个意识"，坚定"四个自信"，做到"两个维护"，坚定不移维护宪法权威，切实保证宪法实施。

习近平总书记强调，"保证宪法实施，就是保证人民根本利益的实现"③。修改宪法，正是为了更好实施宪法，更好发挥宪法的国家根本法作用。此次宪法修改，反映了新时代坚持和发展中国特色社会主义的新形势新实践，对党和人民创造的伟大成就和宝贵经验进行了及时确认，集中体现了党和人民意志。学习宪法、尊崇宪法，维护党和人民共同意志的权威，捍卫党和人民共同意志

---

① 习近平：《在首都各界纪念现行宪法公布施行30周年大会上的讲话》，《人民日报》2012年12月05日。
② 人民日报社论：《为民族复兴提供有力宪法保障》，《人民日报》2018年03月11日。
③ 习近平：《在首都各界纪念现行宪法公布施行30周年大会上的讲话》，《人民日报》2012年12月05日。

的尊严，才能保证人民根本利益的实现。我们要把实施宪法摆在新时代全面依法治国的突出位置，以宪法修改为契机把全面贯彻实施宪法落实到我们的具体工作中。

此次宪法修正案把习近平新时代中国特色社会主义思想确立为国家指导思想，增写了"中国共产党领导是中国特色社会主义最本质的特征"，修改了国家主席任职方面的有关规定等，把党的十九大确定的重大理论观点和重大方针政策载入国家根本法。我们要牢牢把握宪法确立了习近平新时代中国特色社会主义思想在国家政治和社会生活中的指导地位，坚持以马克思主义中国化时代化最新成果武装头脑、指导实践、推动工作；牢牢把握宪法充实了坚持和加强中国共产党全面领导的内容，坚决维护以习近平同志为核心的党中央权威和集中统一领导；牢牢把握宪法调整充实了中国特色社会主义事业总体布局和第二个百年奋斗目标的内容，勇于担当，奋力开创社会主义现代化建设新局面；牢牢把握宪法完善了依法治国和宪法实施的举措，以科学立法、严格执法、公正司法、全民守法为重点大力推进法治建设；牢牢把握宪法增加了有关监察委员会的各项规定，以永远在路上的坚韧和执着落实全面从严治党战略部署，全面系统深入学习领会宪法的核心要义，切实做到"学懂、弄通、做实"，坚持自觉用宪法规范言行。抓好学习宣传，持续推动宪法学习宣传扎实开展，党员干部要在自觉学懂弄通宪法精神上带好头，认真学习贯彻宪法，切实把思想和行动统一到学习贯彻宪法上来，结合宪法原文，制定详细的学习计划，力求准确领会新宪法的思想精髓、核心要义。同时将学习宪法与"两学一做"学习教育常态化制度化相结合，不断增强"四个意识"，坚定"四个自信"，做到"两个维护"，真正用习近平法治思想武装头脑、指导实践、推动工作。

习近平新时代中国特色社会主义思想是全党全国人民为实现中华民族伟大复兴而奋斗的行动指南，是党和国家必须长期坚持的指导思想。中国共产党领导是中国特色社会主义最本质的特征，必须坚持和加强党对一切工作的领导。从"五位一体"总体布局到"三新一高"发展要求，再到全面建成社会主义现代化强国的奋斗目标，对激励和引导全党全国各族人民团结奋斗具有重大引领意义。坚持和平发展道路，坚持互利共赢开放战略，推动构建人类命运共同体，对促进人类和平发展的崇高事业具有重大意义。这些是新时代中国特色社会主义重大创新成果。我们要深刻认识到，充实宪法的重大制度规定，对完善和发展中国特色社会主义制度具有重要作用。把党和人民在实践中取得的重大理论创新、实践创新、制度创新成果通过国家根本法确认下来，全党全国各族人民在新时代坚持和发展中国特色社会主义，为实现"两个一百年"奋斗目标和中华民族伟大复兴的中国梦而奋勇前进，就有了法治上的共同遵循和活动准则。作为国家的根本法，宪法具有最高的法律地位、法律权威、法律效力，是治国安邦的总章程，是党和人民意志的集中体现，是党和国家事业发展的根本法治保障。只要宪法修改充分体现党的领导、人民当家作主、依法治国有机统一，充分体现党的主张和人民意志有机统一，就一定能推动宪法与时俱进、完善发展，为新时代坚持和发展中国特色社会主义提供有力宪法保障。

第五讲　坚持在法治轨道上推进国家治理体系和治理能力现代化

法治是国家治理体系和治理能力的重要依托。只有全面依法治国才能有效保障国家治理体系的系统性、规范性、协调性，才能最大限度凝聚社会共识。在统筹推进伟大斗争、伟大工程、伟大事业、伟大梦想的实践中，在全面建设社会主义现代化国家新征程上，我们要更加重视法治、厉行法治，更好发挥法治固根本、稳预期、利长远的重要作用，坚持依法应对重大挑战、抵御重大风险、克服重大阻力、解决重大矛盾。

第一节　推进全面依法治国是国家治理的一场深刻变革

习近平总书记在对党的十八届四中全会通过的《中共中央关于全面推进依法治国若干重大问题的决定》所做的说明中指出："全面推进依法治国是一个系统工程，是国家治理领域一场广泛而深刻的革命。"① 党的十九大报告进一步提出"全面依法治国是国家治理的一场深刻革命"。2020年11月16日，习近平总书记在中央全面依法治国工作会议再次指出，推进全面依法治国是国家治理的一场深刻变革，必须以科学理论为指导，加强理论思维，不断从理论和实践的结合上取得新成果，总结好、运用好党关于新时代加强法治建设的思想理论成果，更好指导全面依法治国各项工作。党的二十大报告进一步强调，全面依

---

① 习近平：《论坚持全面依法治国》，中央文献出版社2020年版，第102页。

法治国是国家治理的一场深刻革命，关系党执政兴国，关系人民幸福安康，关系党和国家长治久安。

全面依法治国之所以是一场"深刻革命"，是因为它将彻底实现从封建制到民主制、从人治到法治的革命性转型，完成新民主主义革命和社会主义革命应当完成而没有彻底完成的历史任务，彻底改变僵化的人治思维定式和落后的国家治理模式，开辟社会主义国家的法治化道路，实现国家各项工作的科学化民主化法治化，以此解放和增强社会活力、促进社会公平正义、维护社会和谐稳定、确保党和国家长治久安。这对全面建设社会主义现代化强国、实现中华民族伟大复兴，无疑具有历史性革命性意义。[1]

首先，全面依法治国是政治领域的一场深刻变革。法律是治国之重器，按照马克思主义政治经济学原理，法律属于社会上层建筑，法治是治国理政的基本方式，法治是国家治理体系和治理能力的重要依托，全面依法治国是我国国家治理体系和治理能力的一场深刻革命，是确保国家治理体系和治理能力能够适应新时代中国特色社会主义建设事业得以顺利进行的必要前提，也是确保全面深化改革、全面从严治党、全面建设社会主义现代化国家重要战略得以实现的有力法治保障。现代政治的基本形式是法治政治、民主政治，强调以法治的形式实现对政治权力的控制和对公民权利的保障。所以，法治与政治是一体两面的关系，政治运行体现为法治要求，法治建设保障着政治运行。全面推进依法治国，是解决党和国家事业发展面临的一系列重大问题，解放和增强社会活力、促进社会公平正义、维护社会和谐稳定、确保党和国家长治久安的根本要求，是对政治建设提出的要求，是政治领域的一场深刻变革。要想保障人民当家作主的政治体制，推动我国经济社会持续健康发展，不断开拓中国特色社会主义事业更加广阔的发展前景，就必须全面推进社会主义法治国家建设，从法治上为解决这些问题提供制度化方案。

其次，全面依法治国是社会治理的一次全面变革。早在1997年，党的

---

[1] 张文显：《习近平法治思想的理论体系》，《法制与社会发展》2021年第1期。

十五大就将"依法治国"确立为党领导人民治理国家的基本方略，1999年修改宪法时将"中华人民共和国实行依法治国，建设社会主义法治国家"载入宪法，标志着我们国家对党领导人民治理国家的基本方略有了新的认识，标志着我国法治建设揭开了新篇章，意义重大。但是我们注意到，这一时期，我们的提法是"依法治国基本方略"，到了党的十八大以来，党中央把全面依法治国提升到"四个全面"战略布局的高度，以中央全会决议的形式就全面推进依法治国作出战略部署。从"依法治国基本方略"到"全面依法治国重要战略"，几个字的差别，意义却是不同的。首先，从横向看，即从法治建设与国家建设的其他方面来看，涉及国家治理和现代化建设的方方面面。内政、国防和外交是国之大事，全面依法治国意味着必须在内政、国防、外交各个方面充分、全面贯彻法治思维和法治方法。共产党是我国的执政党，要建设法治昌明的社会主义现代化国家，离不开党的坚强领导，也离不开人民军队强有力的军事保障和国防安全，所以，在我国要推进全面依法治国，必须在从严治党、治军等环节全面贯彻法治思维和法治方法。此外，我们在全面深化改革、全面建设社会主义现代化国家的同时，也要处理好改革、发展和稳定的关系，要处理好改革发展中遇到的矛盾和问题，必须旗帜鲜明地贯彻法治思维，善于利用法治思维处理问题，善于运用法治方法化解矛盾，既要营造充满创新精神、富有改革活力的社会氛围，也要保证安定团结有序的社会环境。质言之，要实现经济发展、政治清明、文化昌盛、社会公正、生态良好，必须更好发挥法治引领和规范作用。[①] 其次，从全面依法治国的主要内容看，它涉及立法、执法、司法、守法等方面，是一项庞杂纷繁的系统工程。全面推进依法治国，必须坚持厉行法治，必须推进科学立法、严格执法、公正司法、全民守法。要推进科学立法、民主立法、依法立法，以良法促进发展、保障善治。要建设法治政府，推进依法行政，严格规范公正文明执法。要深化司法体制综合配套改革，全面落实司法责任制，努力让人民群众在每一个司法案件中感受到公平正义。要加大全民普法

---

① 中共中央文献研究室：《习近平关于全面依法治国论述摘编》，中央文献出版社2015年版，第4—5页。

力度，建设社会主义法治文化，树立宪法法律至上、法律面前人人平等的法治理念，建成全民尊法学法守法用法的法治社会。

最后，全面依法治国是传统文化的一场价值变革。虽然我国古代在先秦时就出现了法家思想，法家思想还曾在秦国作为主要统治思想被短暂推行，但随着董仲舒"罢黜百家，独尊儒术"之后，儒家思想成为社会显学，"外儒内法，剂之以道"成为历朝历代的主流治理思潮。在君主专制制度下，"人治"大行其道，君权神授、天下为家，家事国事天下事，一决于"上"。经济基础决定上层建筑，人治这种今天看来极其落后的国家治理方式之所以能在我国封建时期畅行两千多年，归根结底是因为它适应了中国传统的农业社会、自然经济这一经济基础。但是，近代以来，我国经济逐渐实现从农业社会的自然经济到工业社会的商品经济、市场经济过渡，而"市场经济必然是法治经济"，国家治理方式也必然要迈向"法治"。由于文化价值的转变具有滞后性的特点，虽然我国的法治建设取得了显著成效，但在一定程度上，基层社会形态的"熟人社会"性质仍然没有根本性改变，人民群众遇事不是找"法"而是先找"关系"，有矛盾纠纷"信访而不信法""信权而不信法"等问题在我国还依然存在。我们要深刻认识到，我们是在一个人治传统历史久远的国家搞法治建设，文化演进、思想启蒙、价值变革的任务极其艰巨。2014年10月23日，习近平总书记在党的十八届四中全会第二次全体会议上的讲话中指出，法治和人治问题是人类政治文明史上的一个基本问题，也是各国在实现现代化过程中必须面对和解决的一个重大问题。综观世界近现代史，凡是顺利实现现代化的国家，没有一个不是较好解决了法治和人治问题的。相反，一些国家虽然也一度实现快速发展，但并没有顺利迈进现代化的门槛，而是陷入这样或那样的"陷阱"，出现经济社会发展停滞甚至倒退的局面。后一种情况很大程度上与法治不彰有关。涤除人治流弊，树立法治权威，确保"两个一百年"奋斗目标和中华民族伟大复兴的中国梦胜利实现，必须推进全面依法治国这场国家治理领域的深刻革命。

第二节　全面依法治国是国家治理体系和治理能力现代化的重要体现

全面依法治国是坚持和发展中国特色社会主义的本质要求和重要保障，是实现国家治理体系和治理能力现代化的必然要求。党的十八大提出，法治是治国理政的基本方式，要加快建设社会主义法治国家，全面推进依法治国。党的十八届三中全会将"坚持把完善和发展中国特色社会主义制度，推进国家治理体系和治理能力现代化"作为全面深化改革的总目标。党的十八届四中全会首次以依法治国为专题作出决定，开启了中国法治建设的新时代。党的十九大报告，进一步对全面依法治国作了重要部署，将党的治国理政的思维和布局领入新高度、新境界。党的二十大报告强调，推进多层次多领域依法治理，提升社会治理法治化水平。全面依法治国是习近平新时代中国特色社会主义思想的重要内容和组成部分，是坚持和发展中国特色社会主义的内在要求和重要保障，是国家治理领域的一场深刻革命，必须一以贯之进行下去。推进国家治理体系和治理能力现代化，必须坚持依法治国，为党和国家事业发展提供根本性、全局性和长期性的制度保障，要实现经济发展、政治清明、文化昌盛、社会公正、生态良好，也必须更好发挥法治引领和规范作用。

对于国家治理体系和治理能力现代化的规范内涵，通说认为所谓国家治理体系和治理能力的现代化，就是使国家治理体系制度化、科学化、规范化、程序化，使国家治理者善于运用法治思维和法律制度治理国家，从而把中国特色社会主义各方面的制度优势转化为治理国家的效能。国家治理体系和治理能力现代化，一般应当从以下五个方面衡量：其一是公共权力运行的制度化和规范化，它要求政府治理、市场治理和社会治理有完善的制度安排和规范的公共秩序；其二是民主化，即公共治理和制度安排都必须保障主权在民或人民当家作主，所有公共政策要从根本上体现人民的意志和人民的主体地位；其三是法治，即宪法和法律成为公共治理的最高权威，在法律面前人人平等，不允许任何组织和个人有超越宪法和法律的特权；其四是效率，即国家治理体系应当有效维护社会稳定和社会秩序，有利于提高行政效率和经济效益；其五是协调，现代国家治理体系是一个有机的制度系统，从中央到地方各个层级，从政府治理到社会治理，各种制度安排作为一个统一的整体相互协调，密不可分。①

全面依法治国是实现国家治理和治理能力现代化过程中的一个重要组成部分，是建设中国特色社会主义总布局的重要内容。2014年1月，习近平总书记在《人民日报》发表的署名文章中指出："国家治理体系是在党领导下管理国家的制度体系，包括经济、政治、文化、社会、生态文明和党的建设等各领域体制机制、法律法规安排，也就是一整套紧密相连、相互协调的国家制度；国家治理能力则是运用国家制度管理社会各方面事务的能力，包括改革发展稳定、内政外交国防、治党治国治军等各个方面。"②这是对国家治理体系和治理能力的科学总结和权威阐释，对我们如何准确把握和理解这一全新提法和概念有重要意义。社会主义民主政治建设是建设中国特色社会主义总布局的重要内容，而法治是社会主义民主政治的基本保障，加快建设社会主义法治国家是社会主义民主政治建设的重要内容，要保证人民当家作主，增强党和国家的活力、调动人民积极性，继续积极稳妥地推进政治体制改革，扩大社会主义民主，都离不开社会主义法治建设的保驾护航。只有在党的领导下依法治国、厉行法治，人民当家作主才能充分实现，国家和社会生活法治化才能有序推进。③

全面依法治国是实现国家治理体系和治理能力现代化的必然要求。建设中国特色社会主义法治体系、建设社会主义法治国家是实现国家治理体系和治理能力现代化的必然要求，也是全面深化改革的必然要求，有利于在法治轨道上推进国家治理体系和治理能力现代化，有利于在全面深化改革总体框架内全面

---

① 辛向阳：《国家治理体系和治理能力现代化的基本内涵》，《马克思主义文摘》2014年第7期。
② 习近平：《切实把思想统一到党的十八届三中全会精神上来》，《人民日报》2014年01月01日。
③ 习近平：《加快建设社会主义法治国家》，《求是》2015年第1期。

推进依法治国各项工作，有利于在法治轨道上不断深化改革。法治对应的概念是人治，如果国家治理体系和治理能力还没有实现法治化，法治思维和法治方法还没有成为国家治理中处理问题的基本思维和方式，人治还大行其道，是谈不上"国家治理体系和治理能力现代化"的。各级领导干部要带头依法办事，带头遵守法律，牢固确立法律红线不能触碰、法律底线不能逾越的观念，不要去行使依法不该由自己行使的权力，更不能以言代法、以权压法、徇私枉法。

第三节　更好发挥法治固根本、稳预期、利长远的重要作用

当前，世界百年未有之大变局正加速演进，我国正处于实现中华民族伟大复兴关键时期，改革发展稳定任务艰巨繁重，全面对外开放深入推进，人民群众在民主、法治、公平、正义、安全、环境等方面的要求日益增长，需要更好发挥法治固根本、稳预期、利长远的保障作用。[①] 改革要创新突破，法治讲规则程序，这似乎是一个矛盾。过去，人们往往有这样一个认识，认为改革就是大破大立、不破不立，只有破除旧的，才能建立新的。这种看法不是没有合理性，但要有限度。这个限度，体现在制度上，就是法律。改革于法有据，就是要将改革纳入法治的轨道，以法治的理念、法治的体制、法治的程序推进。有人认为改革就是对现有法律框架的突破，所以先行先试无须法律授权。在有些地方、部门存在着由红头文件推进改革的现象。这类改革，会呈现"人治"模式下的种种弊端。这些以"人治"方式推进的改革缺乏稳定性和体系性，不利于发挥法治固根本、稳预期、利长远的重要作用。2014年2月28日，习近平总书记在主持召开中央全面深化改革领导小组第二次会议时指出："凡属重大改革都要于法有据。"2018年2月26日，习近平总书记在《关于深化党和国

---

① 《中共中央印发　法治中国建设规划（2020—2025年）》，《人民日报》2021年01月11日。

家机构改革决定稿和方案稿的说明》中强调:"改革和法治是两个轮子,这就是全面深化改革和全面依法治国的辩证关系。深化党和国家机构改革,要做到改革和立法相统一、相促进,发挥法治规范和保障改革的作用,做到重大改革于法有据、依法依规进行。同时,要同步考虑改革涉及的立法问题,需要制定和修改的法律要通过法定程序进行,做到在法治下推进改革,在改革中完善法治。"这些论断深刻阐明了改革与法治的关系,拓展了法治思维与法治方式的内涵,是对改革"法治路径"的确认,阐释了什么是"正确的改革方法论",理顺了改革与法治的关系。让改革和法治互相助力,以法治思维推进改革,以改革魄力完善法治。改革与法治的关系问题是改革开放进程中必须关注的重大理论和现实问题。法治带有根本性、全局性、稳定性、长期性。改革过程中要高度重视运用法治思维和法治方式,发挥法治在改革中的引领和推动作用,发挥法治固根本、稳预期、利长远的重要作用,确保在法治的轨道上推进改革。

1. 法治能够提高改革决策的科学性。在改革开放之初,法制很不健全,改革经验也不足,改革决策需要"摸着石头过河"。在经历40多年改革开放后,我国已经形成了比较完备的社会主义法律体系,立法的数量不断增加,改革决策更加有科学性。通过谈话行政、协商行政、公开行政等依法行政的法治理念,通过民主参与、民主听证、专家论证、集体决策、失误问责等法治程序,能够保障改革决策的科学性。相反,一些地方立足于GDP,"保税收""保发展""保地方利益""保眼前利益"而忽视甚至牺牲群众利益,这样的改革必然会失去科学性与公信力,引起群众不满。

2. 法治能够增强改革措施的协调性。中国特色社会主义法治体系集40多年改革开放的成功经验和成熟政策于一体,基本上是内容协调、程序严密、配套完备、有效管用的制度体系。改革也必须坚持"法律至上"和"法律统一性"原则,不得违法改革。一些地方或部门出台的违反上位法的规范性文件,实际上破坏了全局改革措施的协调性,必然出现地方争利、部门垄断、"九龙治水"、规章打架、有令不行、有禁不止的现象。改革不是"拆东墙补西墙"的权宜性解决问题,而是使改革成为解决问题的科学方法,使改革融入建立制度之中。

3. 改革自身需要法治保障，改革必须依法进行。法治是凝聚改革共识的基石，是实现顶层设计、积极稳妥推进改革的保障。法治的终极目标是实现、维护和发展最广大人民的根本利益。通过民主、科学的立法的过程，人民的意志得到牢固体现。法治是改革的保障，也是改革的内容。深化改革是社会共识，遵循法治也是社会共识。确保改革在法治轨道上推行，既不能僵化执行法律条文，也不能将法律降格为单纯具有"保驾护航"功能的手段。"重大改革都要于法有据"，总原则是要利国利民。要坚持依法治国，不可以言代法，不可以权代法，不可以文件代法，使这种制度和法律不因领导人的改变而改变，不因领导人看法和注意力的改变而改变。

一个国家的法治体系是具有根本性、稳定性、全局性的国家制度。经过几十年不断完善，我国现有的法治体系总体上合乎民意国情，合乎法治基本原理，但在执法环节还存在不少问题，例如选择性执法、钓鱼式执法、先抓后查等违法举措。宪法法律赋予公民的权利有时还得不到完整体现，公民的人身权、财产权有时还得不到切实保障，违反宪法法律的行为有时还得不到公平公正的处理。今天的改革步入深水区，社会转型、矛盾日益凸显，多年遗留下来的经济与社会发展中积累的问题大多触及深层矛盾和冲突。只有依法而行的改革才能更大凝聚改革共识，更顺利解决改革过程中的矛盾和问题，更有助于突破旧体制、旧习惯、旧利益格局的束缚。

第六讲　坚持建设中国特色社会主义法治体系

中国特色社会主义法治体系是推进全面依法治国的总抓手。全面推进依法治国涉及很多方面，在实际工作中必须有一个总揽全局、牵引各方、纲举目张的总目标总抓手，这个总目标总抓手就是"建设中国特色社会主义法治体系"。要加快形成完备的法律规范体系、高效的法治实施体系、严密的法治监督体系、有力的法治保障体系，形成完善的党内法规体系。要坚持依法治国和以德治国相结合，实现法治和德治相辅相成、相得益彰。要积极推进国家安全、科技创新、公共卫生、生物安全、生态文明、防范风险、涉外法治等重要领域立法，健全国家治理急需的法律制度、满足人民日益增长的美好生活需要必备的法律制度，以良法善治保障新业态新模式健康发展。

第一节　形成完备的法律规范体系

建设中国特色社会主义法治体系，建设社会主义法治国家，是全面推进依法治国的总目标。习近平总书记在介绍《中共中央关于全面推进依法治国若干重大问题的决定》起草情况说明时，对建设中国特色社会主义法治体系的科学内涵进行了阐释，这就是：在中国共产党领导下，坚持中国特色社会主义制度，贯彻中国特色社会主义法治理论，形成完备的法律规范体系、高效的法治实施体系、严密的法治监督体系、有力的法治保障体系，形成完善的党内法规体系。应围绕这些方面，全方位完善中国特色社会主义法治体系。党的十九大总结了过去五年的工作和历史性变革，提出习近平新时代中国特色社会主义思想，明确新时代中国共产党的历史使命,并把"建设中国特色社会主义法治体系"作为坚持全面依法治国基本方略的重要内容加以明确,有重要的指导意义。

建设完备的法律规范体系,以良法促进发展、保障善治是推进全面依法治国的基础性工程。建设法治中国,必须加强和改进立法工作,深入推进科学立法、民主立法、依法立法,不断提高立法质量和效率,以高质量立法保障高质量发展、推动全面深化改革、维护社会大局稳定。① 形成完备的法律规范体系是中国特色社会主义法治体系建设的首要前提。法律规范,是指国家制定或认可,反映统治阶级意志,并由国家强制力保证实现的一种社会规范。法律体系,法理学中有时也称为"法的体系",是指由一国现行的全部法律规范按照不同的法律部门分类组合而形成的一个呈体系化的有机联系的统一整体。所谓"法律规范",是指由国家制定或者认可,体现统治阶级意志,调整社会关系,并最终依靠国家强制力保证实施的社会活动准则。中国特色社会主义法律体系,是指适应我国社会主义初级阶段的基本国情,与社会主义的根本任务相一致,以宪法为统帅和根本依据,由部门齐全、结构严谨、内部协调、体例科学、调整有效的法律及其配套法规所构成,是保障我们国家沿着中国特色社会主义道路前进的各项法律制度的有机的统一整体。这个体系由法律、行政法规、地方性法规三个层次,宪法及宪法相关法、民法商法、行政法、经济法、社会法、刑法、诉讼与非诉讼程序法七个法律部门组成。2011年3月10日,时任全国人民代表大会常务委员会委员长吴邦国同志向十一届全国人大四次会议作全国人大常委会工作报告时庄严宣布,一个立足中国国情和实际、适应改革开放和社会主义现代化建设需要、集中体现党和人民意志的,以宪法为统帅,以宪法相关法、民法商法等多个法律部门的法律为主干,由法律、行政法规、地方性法规与自治条例、单行条例等三个层次的法律规范构成的中国特色社会主义法律体系已经形成。这表明中国已在根本上实现从无法可依到有法可依的历史性转变,各项事业发展步入法制化轨道。中国特色社会主义法律体系是中国特色

---

① 《中共中央印发 法治中国建设规划(2020—2025年)》,《人民日报》2021年01月11日。

社会主义永葆本色的法制根基，是中国特色社会主义创新实践的法制体现，是中国特色社会主义兴旺发达的保障。

然而，中国特色社会主义法律体系已经形成却并不意味着法律规范体系的完备。法律规范体系的完备大体相当于法律规范的完备，但完备的法律规范体系，从根本上说并不在于法律、法规的数量，而是在于这个体系和它包括的全部法律规范对社会生活覆盖的广度与调整社会关系的力度，也可以说在于它的质量，既包括每一部单行法律、法规本身的立法质量，也包括整个法律体系的质量，即法律体系内部的协调性和科学性。截至 2021 年 4 月 29 日十三届全国人大常委会第二十八次会议闭幕，我国现行有效的法律 277 部，其中宪法 1 部，宪法相关法 46 部，民法商法 23 部，行政法 94 部，经济法 76 部，社会法 25 部，刑法 1 部，诉讼与非诉讼程序法 11 部。此外，还制定了行政法规 600 多件、地方性法规 12000 余件。以宪法为核心的中国特色社会主义法律体系已经形成并不断完善，为改革开放和社会主义现代化建设提供了坚实的法治保障。尤其是 2020 年 5 月 28 日，十三届全国人大三次会议审议通过了《中华人民共和国民法典》，这是新中国成立以来第一部以"法典"命名的法律，是新时代我国社会主义法治建设的重大成果。民法典在中国特色社会主义法律体系中具有重要地位，是一部固根本、稳预期、利长远的基础性法律，对推进全面依法治国、加快建设社会主义法治国家，对发展社会主义市场经济、巩固社会主义基本经济制度，对坚持以人民为中心的发展思想、依法维护人民权益、推动我国人权事业发展，对推进国家治理体系和治理能力现代化，都具有重大意义，标志着中国特色社会主义法律体系进一步成熟。但我们也必须清醒地认识到立法领域我们仍然面临一些突出问题，比如，立法质量需要进一步提高，有的法律法规全面反映客观规律和人民意愿不够，解决实际问题有效性不足，针对性、可操作性不强；立法效率需要进一步提高。还有就是立法工作中部门化倾向、争权诿责现象较为突出，有的立法实际上成了一种利益博弈，不是久拖不决，就是制定的法律法规不大管用，一些地方利用法规实行地方保护主义，对全国形成统一开放、竞争有序的市场秩序造成障碍，损害国家法治统一。要改善这些突出问题，必须加快形成完备的法律规范体系。

1. 牢固树立立法为民理念。人民代表大会制度是我国的根本政治制度，坚持全心全意为人民服务的宗旨是我们党最大的政治优势。党的根基在人民，党的力量在人民，我们的工作要坚持一切为了人民、一切依靠人民。法律是治国之重器，良法是善治之前提。在我国，法律是党领导人民制定的，体现的是全体人民的意志。建设中国特色社会主义法治体系，完善社会主义法律规范体系，必须恪守以民为本、立法为民理念，贯彻社会主义核心价值观，使每一项立法都符合宪法精神、反映人民意志、得到人民拥护。要把公正、公平、公开原则贯穿立法全过程，完善立法体制机制，坚持立改废释并举，增强法律法规的及时性、系统性、针对性、有效性。

2. 树立宪法权威，加强宪法实施。宪法是国家的根本大法，是党领导人民治理国家的总章程，是党和人民意志的集中体现，是通过科学民主程序形成的根本法、母法，效率高于其他法律规范。坚持依法治国首先要坚持依宪治国，坚持依法执政首先要坚持依宪执政。全国各族人民、一切国家机关和武装力量、各政党和各社会团体、各企事业组织，都必须以宪法为根本的活动准则，并且负有维护宪法尊严、保证宪法实施的职责。一切违反宪法的行为都必须予以追究和纠正。党的十八届四中全会决定将每年12月4日定为国家宪法日，在全社会普遍开展宪法教育，弘扬宪法精神。建立宪法宣誓制度，凡经人大及其常委会选举或者决定任命的国家工作人员正式就职时公开向宪法宣誓。也是为了树立宪法权威，让国家公职人员带头遵守宪法、带头维护宪法权威。党的十九大报告中指出，"加强宪法实施和监督，推进合宪性审查工作，维护宪法权威"。党的二十大报告进一步指出，加强宪法实施和监督，健全保证宪法全面实施的制度体系，更好发挥宪法在治国理政中的重要作用，维护宪法权威。这些重要部署将极大推动宪法实施和监督，为完善人民代表大会制下的合宪性审查制度，推进合宪性审查工作，提供了顶层设计和强有力的政治保障。

3. 完善立法体制。加强党对立法工作的领导，完善党对立法工作中重大问题决策的程序。凡立法涉及重大体制和重大政策调整的，必须报党中央讨论决定。党中央向全国人大提出宪法修改建议，依照宪法规定的程序进行宪法修改。法律制定和修改的重大问题由全国人大常委会党组向党中央报告。健全有立法权的人大主导立法工作的体制机制，发挥人大及其常委会在立法工作中的主导作用。建立由全国人大相关专门委员会、全国人大常委会法制工作委员会组织有关部门参与起草综合性、全局性、基础性等重要法律草案制度。增加有法治实践经验的专职常委比例。依法建立健全专门委员会、工作委员会立法专家顾问制度。加强和改进政府立法制度建设，完善行政法规、规章制定程序，完善公众参与政府立法机制。重要行政管理法律法规由政府法制机构组织起草。明确立法权力边界，从体制机制和工作程序上有效防止部门利益和地方保护主义法律化。对部门间争议较大的重要立法事项，由决策机关引入第三方评估，充分听取各方意见，协调决定，不能久拖不决。加强法律解释工作，及时明确法律规定含义和适用法律依据。明确地方立法权限和范围，依法赋予设区的市地方立法权。

4. 深入推进科学立法、民主立法、依法立法。加强人大对立法工作的组织协调，健全立法起草、论证、协调、审议机制，健全向下级人大征询立法意见机制，建立基层立法联系点制度，推进立法精细化。健全法律法规规章起草征求人大代表意见制度，增加人大代表列席人大常委会会议人数，更多发挥人大代表参与起草和修改法律作用。完善立法项目征集和论证制度。健全立法机关主导、社会各方有序参与立法的途径和方式。探索委托第三方起草法律法规草案。健全立法机关和社会公众沟通机制，开展立法协商，充分发挥政协委员、民主党派、工商联、无党派人士、人民团体、社会组织在立法协商中的作用，探索建立有关国家机关、社会团体、专家学者等对立法中涉及的重大利益调整论证咨询机制。拓宽公民有序参与立法途径，健全法律法规规章草案公开征求意见和公众意见采纳情况反馈机制，广泛凝聚社会共识。完善法律草案表决程序，对重要条款可以单独表决，切实加强立法的科学性、针对性。

5. 加强重点领域立法。依法保障公民权利，加快完善体现权利公平、机会公平、规则公平的法律制度，保障公民人身权、财产权、基本政治权利等各项权利不受侵犯，保障公民经济、文化、社会等各方面权利得到落实，实现公民权利保障法治化。增强全社会尊重和保障人权意识，健全公民权利救济渠道和方式。社会主义市场经济本质上是法治经济。使市场在资源配置中起决定性作用和更好发挥政府作用，必须以保护产权、维护契约、统一市场、平等交换、公平竞争、有效监管为基本导向，完善社会主义市场经济法律制度。实现立法和改革决策相衔接，做到重大改革于法有据、立法主动适应改革和经济社会发展需要。实践证明行之有效的，要及时上升为法律。实践条件还不成熟、需要先行先试的，要按照法定程序作出授权。对不适应改革要求的法律法规，要及时修改和废止。

第二节 形成高效的法治实施体系

法的实施，是指法在社会生活中被人们实际施行，包括法的执行、法的适用、法的遵守。法的执行，即执法，是指掌管法律，手持法律做事，传布、实现法律。广义的执法，是指所有国家行政机关、司法机关及其公职人员依照法定职权和程序实施法律的活动。狭义的执法，或法的执行，则专指国家行政机关及其公职人员依法行使管理职权、履行职责、实施法律的活动。法的适用，即司法，通常是指国家司法机关根据法定职权和法定程序，具体应用法律处理案件的专门活动。法的遵守，可以有广义与狭义两种含义：广义的法的遵守，就是法的实施；狭义的法的遵守，也叫守法，专指公民、社会组织和国家机关以法律为自己的行为准则，依照法律行使权利、权力，履行义务的活动。推进全面依法治国，必须要建设高效的法治实施体系，深入推进严格执法、公正司法、全民守法。建设法治中国，必须深入推进严格执法、公正司法、全民守法，健全社会公平正义法治保障制度，织密法治之网，强化法治之力，不断增强人民群众的获得感、幸福感、安全感。①

1. 法律的生命力在于实施，法律的权威也在于实施。建设中国特色社会主义法治体系，是一个从立法到执法司法再到守法、从理论到制度机制再到实践的伟大系统工程，需要付出长期艰苦努力。建设高效的法治实施体系，无疑是其中的重点难点。古往今来，把制定的法律付诸实施始终是法治建设的最大难点。习近平总书记多次引用古人"世不患无法，而患无必行之法"和"天下之事，不难于立法，而难于法之必行"的名言，并强调指出："如果有了法律而不实施，束之高阁，或者实施不力、做表面文章，那制定再多法律也无济于事。"改革开放以来，我们党领导人民建设社会主义法治国家，形成了中国特色社会主义法律体系。但把这个法律体系以及新制定的法律实施到位，永远没有完成时，法治建设永远在路上。从实践来看，人民群众对法治建设意见最大的地方，就是有法不依和执法不严，就是法律实施问题。我们要在党中央的坚强领导下，紧紧抓住法治实施这个重点难点，加强法治实施能力建设，不断完善法治实施制度机制，着力构建以法律规范实施为核心，以党内法规实施、人民团体和社会组织规范实施、道德伦理规范实施以及乡规民约等社会生活规范实施构成的法治实施体系。②

2. 深入推进依法行政，加快建设法治政府。各级政府必须坚持在党的领导下、在法治轨道上开展工作，创新执法体制，完善执法程序，推进综合执法，严格执法责任，建立权责统一、权威高效的依法行政体制，加快建设职能科学、权责法定、执法严明、公开公正、廉洁高效、守法诚信的法治政府。完善行政组织和行政程序法律制度，推进机构、职能、权限、程序、责任法定化。行政机关要坚持法定职责必须为、法无授权不可为，勇于负责、敢于担当，坚决纠正不作为、乱作为，坚决克服懒政、怠政，坚决惩处失职、渎职。行政机关不得法外设定权力，没有法律法规依据不得作出减损公民、法人和其他组织合法权益或者增加其义务的决定。推行政府权力清单制度，坚决消除权力设租寻租

---

① 《中共中央印发　法治中国建设规划（2020—2025年）》，《人民日报》2021年01月11日。
② 周强：《形成高效的法治实施体系》，《求是》2014年第22期。

空间。推进各级政府事权规范化、法律化，完善不同层级政府特别是中央和地方政府事权法律制度，强化中央政府宏观管理、制度设定职责和必要的执法权，强化省级政府统筹推进区域内基本公共服务均等化职责，强化市县政府执行职责。深化行政执法体制改革。根据不同层级政府的事权和职能，按照减少层次、整合队伍、提高效率的原则，合理配置执法力量。推进综合执法，大幅减少市县两级政府执法队伍种类。完善市县两级政府行政执法管理，加强统一领导和协调。理顺行政强制执行体制。理顺城管执法体制，加强城市管理综合执法机构建设，提高执法和服务水平。严格实行行政执法人员持证上岗和资格管理制度。坚持严格规范公正文明执法。依法惩处各类违法行为，加大关系群众切身利益的重点领域执法力度。完善执法程序，建立执法全过程记录制度。明确具体操作流程，重点规范行政许可、行政处罚、行政强制、行政征收、行政收费、行政检查等执法行为。严格执行重大执法决定法制审核制度。

3. 保证公正司法，提高司法公信力。公正是法治的生命线。司法公正对社会公正具有重要引领作用，司法不公对社会公正具有致命破坏作用。必须完善司法管理体制和司法权力运行机制，规范司法行为，加强对司法活动的监督，努力让人民群众在每一个司法案件中都感受到公平正义。一是完善确保依法独立公正行使审判权和检察权的制度。各级党政机关和领导干部要支持法院、检察院依法独立公正行使职权。建立领导干部干预司法活动、插手具体案件处理的记录、通报和责任追究制度。任何党政机关和领导干部都不得让司法机关做违反法定职责、有碍司法公正的事情，任何司法机关都不得执行党政机关和领导干部违法干预司法活动的要求。对干预司法机关办案的，给予党纪政纪处分；造成冤假错案或者其他严重后果的，依法追究刑事责任。健全行政机关依法出庭应诉、支持法院受理行政案件、尊重并执行法院生效裁判的制度。完善惩戒妨碍司法机关依法行使职权、拒不执行生效裁判和决定、藐视法庭权威等违法犯罪行为的法律规定。建立健全司法人员履行法定职责保护机制。非因法定事由，非经法定程序，不得将法官、检察官调离、辞退或者作出免职、降级等处分。二是优化司法职权配置。健全公安机关、检察机关、审判机关、司法行政机关各司其职，侦查权、检察权、审判权、执行权相互配合、相互制约的体制机制。完善司法体制，推动实行审判权和执行权相分离的体制改革试点。完善刑罚执行制度，统一刑罚执行体制。改革司法机关人财物管理体制，探索实行法院、检察院司法行政事务管理权和审判权、检察权相分离。最高人民法院设立巡回法庭，审理跨行政区域重大行政和民商事案件。探索设立跨行政区划的人民法院和人民检察院，办理跨地区案件。完善行政诉讼体制机制，合理调整行政诉讼案件管辖制度，切实解决行政诉讼立案难、审理难、执行难等突出问题。改革法院案件受理制度，变立案审查制为立案登记制，对人民法院依法应该受理的案件，做到有案必立、有诉必理，保障当事人诉权。加大对虚假诉讼、恶意诉讼、无理缠诉行为的惩治力度。完善刑事诉讼中认罪认罚从宽制度。完善审级制度，一审重在解决事实认定和法律适用，二审重在解决事实法律争议、实现二审终审，再审重在解决依法纠错、维护裁判权威。完善对涉及公民人身、财产权益的行政强制措施实行司法监督制度。检察机关在履行职责中发现行政机关违法行使职权或者不行使职权的行为，应该督促其纠正。探索建立检察机关提起公益诉讼制度。明确司法机关内部各层级权限，健全内部监督制约机制。司法机关内部人员不得违反规定干预其他人员正在办理的案件，建立司法机关内部人员过问案件的记录制度和责任追究制度。完善主审法官、合议庭、主任检察官、主办侦查员办案责任制，落实谁办案谁负责。加强职务犯罪线索管理，健全受理、分流、查办、信息反馈制度，明确纪检监察和刑事司法办案标准和程序衔接，依法严格查办职务犯罪案件。三是推进严格司法。坚持以事实为根据、以法律为准绳，健全事实认定符合客观真相、办案结果符合实体公正、办案过程符合程序公正的法律制度。加强和规范司法解释和案例指导，统一法律适用标准。推进以审判为中心的诉讼制度改革，确保侦查、审查起诉的案件事实证据经得起法律的检验。全面贯彻证据裁判规则，严格依法收集、固定、保存、审查、运用证据，完善证人、鉴定人出庭制度，保证庭审在查明事实、认定证据、保护诉权、公正裁判中发挥决定性作用。明确各类司法人员工作职责、工作流程、工作标准，实行办案质量终身负责制和错案责任倒查问责制，确保案件处理经得起法律和历史检验。四是保障人民群众参与司法。坚持人民司法为人民，依靠人民推进公正司法，通过公正司法维护人民权益。在司法调解、司法听证、涉诉信访等司法活动中保障人民群众参与。完善人民陪审员制度，保障公民陪审权利，扩大参审范围，完善随机抽选方式，提高人民陪审制度公信度。逐步实行人民陪审员不再审理法律适用问题，只参与审理事实认定问题。五是加强人权司法保障。强化诉讼过程中当事人和其他诉讼参与人的知情权、陈述权、辩护辩论权、申请权、申诉权的制度保障。健全落实罪刑法定、疑罪从无、非法证据排除等法律原则的法律制度。完善对限制人身自由司法措施和侦查手段的司法监督，加强对刑讯逼供和非法取证的源头预防，健全冤假错案有效防范、及时纠正机制。切实解决执行难，制定强制执行法。加快建立失信被执行人信用监督、威慑和惩戒法律制度。落实终审和诉讼终结制度，实行诉访分离，保障当事人依法行使申诉权利。对不服司法机关生效裁判、决定的申诉，逐步实行由律师代理制度。对聘不起律师的申诉人，纳入法律援助范围。

4. 全社会共同参与，建设法治社会。法律的权威源自人民的内心拥护和真诚信仰。人民权益要靠法律保障，法律权威要靠人民维护。要推动全社会树立法治意识。坚持把全民普法和守法作为依法治国的长期基础性工作，深入开展法治宣传教育，引导全民自觉守法、遇事找法、解决问题靠法。坚持把领导干部带头学法、模范守法作为树立法治意识的关键，完善国家工作人员学法用法制度。把法治教育纳入国民教育体系，在中小学设立法治知识课程。加强公民道德建设，弘扬中华优秀传统文化，增强法治的道德底蕴，强化规则意识，倡导契约精神，弘扬公序良俗。深入开展多层次多形式法治创建活动，深化基层组织和部门、行业依法治理，支持各类社会主体自我约束、自我管理。发挥市民公约、乡规民约、行业规章、团体章程等社会规范在社会治理中的积极作用。发挥人民团体和社会组织在法治社会建设中的积极作用。建立健全社会组织参与社会事务、维护公共利益、救助困难群众、帮教特殊人群、预防违法犯罪的机制和制度化渠道。支持行业协会商会类社会组织发挥行业自律和专业服务功能。

5. 以信息化为依托，构建阳光透明高效的法的实施机制。 人类进入"互联网+"时代，大数据、人工智能方兴未艾。我们建立的法治实施体系，必须以快速发展的网络信息技术为支撑、为平台，以不断满足人民群众和社会各界对法治实施的需求、参与和监督为依归。构建开放、动态、透明、便民的阳光法治实施机制，大力推进行政执法公开、审判公开、警务公开、狱务公开和其他法治实施活动的公开，依法及时公开法治实施的依据、程序、流程、结果和理由。要以信息化为依托，向信息化要效率，打造法治实施公开平台，实现法治实施信息系统内畅通、系统间共享。要着力打造法治实施流程平台，让法治实施活动全过程公开透明，保障人民群众对法治实施的知情权、有效行使监督权，保障法治实施活动公开公正运行，杜绝暗箱操作；要着力打造法治实施过程中各类生效法律文书统一上网和公开查询平台，展示法治实施结果和理由，实现法治实施信息全社会共享，充分发挥其宣传法治、教育公民法人和其他组织以及引领社会风尚的重要作用。①

第三节　形成严密的法治监督体系

法的监督，狭义上是指有关国家机关依照法定职权和程序，对立法、执法和司法活动的合法性进行的监察和督促。广义的法的监督，则包括党内监督、人大监督、民主监督、行政监督、司法监督、审计监督、社会监督、舆论监督等。作为法治建设的一个重要环节，法治监督在建设中国特色社会主义法治体系、建设社会主义法治国家中具有十分重要的地位和作用。严密的法治监督体系是中国特色社会主义法治体系的重要组成部分。在完备的法律规范体系、高效的法治实施体系、严密的法治监督体系、有力的法治保障体系、完善的党内法规体系这五大体系中，严密的法治监督体系不仅是不可或缺的重要组成部分，而

---

① 周强：《形成高效的法治实施体系》，《求是》2014年第22期。

且对其他几大体系的建设具有重要的推动和保障作用。法治监督体系既是中国特色社会主义法治体系的重要内容和内在目标,又是建成中国特色社会主义法治体系的根本保障和必然要求。《法治中国建设规划(2020—2025年)》指出,建设严密的法治监督体系,切实加强对立法、执法、司法工作的监督。建设法治中国,必须抓紧完善权力运行制约和监督机制,规范立法、执法、司法机关权力行使,构建党统一领导、全面覆盖、权威高效的法治监督体系。①

1. 不受监督的权力必然走向腐败和堕落。 全面依法治国涵盖了国家和社会治理的方方面面,立法、执法、司法、守法的各个环节都需要加强法律监督。因此,党的十八届三中全会强调要强化权力运行制约和监督体系,党的十八届四中全会报告指出,必须以规范和约束公权力为重点,加大监督力度,做到有权必有责、用权受监督、违法必追究,坚决纠正有法不依、执法不严、违法不究行为。法治监督的核心内容是监督和制约公权力,把权力关进制度笼子,尤其是对行政权、司法权的监督更是重中之重。因为行政权和司法权是国家权力中最重要的组成部分,承担着管理公共事务、调节利益关系、判断是非曲直、解决矛盾纠纷、制裁违法犯罪等重要职责,一旦被滥用,就会对公民合法权益和依法治国方略实施带来严重损害。在某种意义上,国家公权力运行机制、法律监督制约主要就是围绕这两种权力的监督制约而展开的。

2. 健全宪法实施和监督制度。 宪法是党和人民意志的集中体现,是通过科学民主程序形成的根本法。维护宪法尊严、保证宪法实施,追究和纠正一切违反宪法的行为,是法治监督最根本的任务。党的十八届四中全会《决定》明确提出,要"健全宪法实施和监督制度","一切违反宪法的行为都必须予以追究和纠正",要求"完善全国人大及其常委会宪法监督制度,健全宪法解释程序机制。加强备案审查制度和能力建设,把所有规范性文件纳入备案审查范围,依法撤销和纠正违宪违法的规范性文件,禁止地方制发带有立法性质的文件"。党的十九大报告提出,要健全人大组织制度和工作制度,支持和保证人大依

---

① 《中共中央印发 法治中国建设规划(2020—2025年)》,《人民日报》2021年01月11日。

法行使监督权,"加强宪法监督,推荐合宪性审查工作,维护宪法权威"。党的二十大报告进一步提出,加强宪法实施和监督,健全保证宪法全面实施的制度体系,更好发挥宪法在治国理政中的重要作用,维护宪法权威。这些重要部署对我们完善中国社会主义法治监督体系有非常重要的指导意义。

3. 强化对行政权力的制约和监督。行政权力具有管理事务领域宽、自由裁量权大等特点,规范和约束行政权力是严格依法行政的必然要求,也是构建严密法治监督体系的重要内容。党的十八届四中全会《决定》强调,强化对行政权力的制约和监督。加强党内监督、人大监督、民主监督、行政监督、司法监督、审计监督、社会监督、舆论监督制度建设,努力形成科学有效的权力运行制约和监督体系,增强监督合力和实效。加强对政府内部权力的制约,是强化对行政权力制约的重点。完善审计制度,保障依法独立行使审计监督权。全面推进政务公开。坚持以公开为常态、不公开为例外原则,推进决策公开、执行公开、管理公开、服务公开、结果公开。各级政府及其工作部门依据权力清单,向社会全面公开政府职能、法律依据、实施主体、职责权限、管理流程、监督方式等事项。重点推进财政预算、公共资源配置、重大建设项目批准和实施、社会公益事业建设等领域的政府信息公开。

4. 加强对司法活动的监督。司法公正对社会公正具有重要引领作用。培根说过,一次不公正审判的危害比十次犯罪行为为害尤烈。①因此必须加强对司法活动的监督。党的十八届四中全会提出,要加强对司法活动的监督。完善检察机关行使监督权的法律制度,加强对刑事诉讼、民事诉讼、行政诉讼的法律监督。完善人民监督员制度,重点监督检察机关查办职务犯罪的立案、羁押、扣押冻结财物、起诉等环节的执法活动。司法机关要及时回应社会关切。规范媒体对案件的报道,防止舆论影响司法公正。依法规范司法人员与当事人、律师、特殊关系人、中介组织的接触、交往行为。严禁司法人员私下接触当事人及律师、泄露或者为其打探案情、接受吃请或者收受其财物、为律师介绍代理

---

① 培根:《培根论说文集》,水天同译,商务印书馆1983年版,第193页。

和辩护业务等违法违纪行为，坚决惩治司法掮客行为，防止利益输送。对因违法违纪被开除公职的司法人员、吊销执业证书的律师和公证员，终身禁止从事法律职业，构成犯罪的要依法追究刑事责任。坚决破除各种潜规则，绝不允许法外开恩，绝不允许办关系案、人情案、金钱案。坚决反对和克服特权思想、衙门作风、霸道作风，坚决反对和惩治粗暴执法、野蛮执法行为。对司法领域的腐败零容忍，坚决清除害群之马。

5. 完善国家法治监督体系。2016年1月，习近平总书记在十八届中央纪委六次全会上提出：要做好监督体系顶层设计，既加强党的自我监督，又加强对国家机器的监督。党的十九大报告提出："深化国家监察体制改革，将试点工作在全国推开，组建国家、省、市、县监察委员会，同党的纪律检查机关合署办公，实现对所有行使公权力的公职人员监察全覆盖。"2018年3月11日，十三届全国人大一次会议通过的宪法修正案正式将国家监察委员会写入宪法，标志着我国国家监察体系改革取得重大成果，各级监察委员会的成立将实现对所有行使公权力的公职人员监察全覆盖。2018年3月20日，十三届全国人大一次会议表决通过了《中华人民共和国监察法》，意味着中国特色社会主义法治监督体系日趋完善。党的二十大提出，健全党统一领导、全面覆盖、权威高效的监督体系，完善权力监督制约机制，以党内监督为主导，促进各类监督贯通协调，让权力在阳光下运行。

第四节 形成有力的法治保障体系

"徒善不足以为政，徒法不能以自行。"建设法治中国，必须加强政治、组织、队伍、人才、科技、信息等保障，为全面依法治国提供重要支撑，建设有力的法治保障体系，筑牢法治中国建设的坚实后盾。① 法律规范体系、法治实

---

① 《中共中央印发 法治中国建设规划（2020—2025年）》，《人民日报》2021年01月11日。

施和法治监督体系的良好运转不是凭空运转的,而是需要法治队伍,即人去实施,需要物质保障,包括办公场所、设施设备等财和物的投入。法治保障体系科学合理、机制高效顺畅、配合亲密无间,则法治体系运转卓有成效,否则法治体系运行必受掣肘、效率低下。所以,如果没有一系列保障条件,法治就难以实现。形成有力的法治保障体系,能够使科学立法、严格执法、公正司法、全民守法等法治工作各个环节有机配合;使依法治国、依法执政、依法行政共同推进和法治国家、法治政府、法治社会一体建设的法治工作基本格局有序展开。

1. 中国特色社会主义制度是全面推进依法治国的制度保障。习近平总书记强调,全面推进依法治国,方向要正确,政治保证要坚强。党的领导是社会主义法治最根本的保证。① 形成有力的法治保障体系,必须旗帜鲜明地坚持党的领导,必须坚持中国特色社会主义制度。只有坚持党领导立法、保证执法、支持司法、带头守法,才能充分实现人民当家作主,真正把人民意志上升为国家意志,有序推进国家和社会生活法治化。道路走对了,法治建设事业的明天才会无比广阔。"我们要建设的中国特色社会主义法治体系,本质上是中国特色社会主义制度的法律表现形式。"② 习近平总书记的这一重要论断,揭示了法治体系与社会制度之间的内在联系,明确了中国特色社会主义法治体系的制度属性和前进方向,就是要坚持中国共产党的领导,坚持中国特色社会主义制度,贯彻中国特色社会主义法治理论。构建有力的法治保障体系,必须坚持人民代表大会这一根本政治制度,必须坚持党的领导、人民当家作主与依法治国的有机统一,决不能搞"三权分立";必须坚持中国共产党领导的多党合作和政治协商基本政治制度,决不能搞多党竞选、轮流坐庄。我们应当坚定这样的制度自信,切实推进社会主义民主政治法治化。

2. 高素质法治工作队伍是全面推进依法治国的队伍保障。治国经邦,人

---

① 习近平:《论坚持全面依法治国》,中央文献出版社2020年版,第91—92页。
② 习近平:《坚定不移走中国特色社会主义法治道路 为全面建设社会主义现代化国家提供有力法治保障》,《求是》2021年第5期。

才为先。建设法治国家、法治政府、法治社会，实现科学立法、严格执法、公正司法、全民守法，都离不开一支高素质的法治工作队伍，法治人才培养上不去，法治领域不能人才辈出，全面依法治国就不可能做好。2014年10月23日，习近平总书记在党的十八届四中全会第二次全体会议上的讲话指出，"全面推进依法治国，建设一支德才兼备的法治队伍至关重要"。全面推进依法治国，必须大力提高法治工作队伍思想政治素质、业务工作能力、职业道德水准，着力建设一支忠于党、忠于国家、忠于人民、忠于法律的社会主义法治工作队伍，为加快建设社会主义法治国家提供强有力的组织和人才保障。在法治教育方面，要把思想政治教育摆在首位，端正政治立场，强化职业操守，夯实专业知识。在法律职业保障方面，要尊重司法规律，捍卫和维护法律职业的严肃性和神圣性。通过科学合理确定法官、检察官员额并切实提供财政物质保障，稳定司法队伍；通过保障律师依法行使执业权利，发挥律师队伍作为依法治国重要力量的积极作用，深化律师制度改革。当前法治队伍建设还存在一些问题，如有些政法干部心中不信仰法治，没有坚守法治的定力，面对权势、金钱、人情、关系，抵不住诱惑、扛不住干扰等。要加强理想信念教育、职业道德教育、法治信仰教育，加强纪律建设和作风建设，要按照政治过硬、业务过硬、责任过硬、纪律过硬、作风过硬的要求，努力建设一支信念坚定、执法为民、敢于担当、清正廉洁的法治工作队伍，为中国特色社会主义法治建设提供坚强的队伍保障。

3. 有力的财政物资投入是全面推进依法治国的物质保障。 推进全面依法治国，必须加大对法治工作的资源投入，强化对法治工作的物质保障。党的十八大以来，以习近平同志为核心的党中央对全面依法治国作出了一系列重要战略部署，这些重要部署和举措要落到实处、落到基层、见到实效，都需要投入相应的人力、物力和财力。比如，党的十八届四中全会《决定》提出，设立最高人民法院巡回法庭，审理跨行政区域重大行政和民商事案件。探索设立跨行政区划的人民法院和人民检察院，办理跨地区案件。设立最高人民法院巡回法庭、跨行政区划的人民法院和检察院，不仅需要机构编制、人员队伍等方面的保障，还需要相应的财政经费的投入。其次，财政保障问题不单纯是"钱从哪里出"的问题，深层次上，它涉及中央事权和地方事权的关系问题。我国是单一制国家，司法权属于中央事权。但长期以来，我国法院、检察院人财物实行分级管理、分级负责的体制，地方法院、检察院人财物由同级党政机关管理，导致司法活动经常受地方保护主义干扰，在一定程度上影响了司法公正。党的十八届三中全会决定提出，"改革司法管理体制，推动省以下地方法院、检察院人财物统一管理"，党的十八届四中全会决定提出"探索省以下地方审计机关人财物统一管理"。其宗旨就是要确保依法独立公正行使审判权、检察权，实现省以下地方法院、检察院人财物统一管理，从而探索建立与行政区划适当分离的司法管辖制度。中央全面深化改革领导小组第三次会议审议通过的《关于司法体制改革试点若干问题的框架意见》明确提出了改革路径：对人的统一管理，主要是建立法官、检察官统一由省提名、管理并按法定程序任免的机制。对财物的统一管理，主要是建立省以下地方法院、检察院经费由省级政府财政部门统一管理机制。通过这些改革，各省司法人员、编制将由省提名、管理，法官、检察官仍按法定程序任免，经费将由中央和省级财政统筹保障。法院、检察院将更有底气、更有能力摆脱地方保护主义的干扰。

第五节 形成完善的党内法规体系

建设法治中国，必须坚持依法治国和依规治党有机统一，加快形成覆盖党的领导和党的建设各方面的党内法规体系，建设完善的党内法规体系，坚定不移推进依规治党，增强党依法执政本领，提高管党治党水平，确保党始终成为中国特色社会主义事业的坚强领导核心。① 党内法规制度体系，是以党章为根本、民主集中制为核心，由各领域各层级党内法规制度按照内在逻辑形成的有

---

① 《中共中央印发　法治中国建设规划（2020—2025年）》，《人民日报》2021年01月11日。

机统一整体。形成完善的党内法规制度体系，是全面从严治党的长远之策、根本之策，是全面从严治党、依规治党的必然要求，是建设中国特色社会主义法治体系的重要内容，是推进国家治理体系和治理能力现代化的重要保障，事关党长期执政和国家长治久安。党的十八大以来，以习近平同志为核心的党中央高度重视党内法规体系建设，从管党治党、执政治国的战略高度，对新形势下构建党内法规制度体系、全面提高党的建设科学化水平提出明确要求，并作出重要部署，党内法规体系建设问题被摆上重要议事日程。

2012年11月17日，习近平总书记在十八届中央政治局第一次集体学习时指出，坚持以实践基础上的理论创新推动制度创新，坚持和完善现有制度，从实际出发，及时制定一些新的制度，构建系统完备、科学规范、运行有效的制度体系，使各方面制度更加成熟更加定型。2013年11月12日，党的十八届三中全会提出，到2020年在重要领域和关键环节改革上取得决定性成果，形成系统完备、科学规范、运行有效的制度体系，使各方面制度更加成熟更加定型。党的十八届四中全会提出，建设中国特色社会主义法治体系，建设社会主义法治国家，形成完备的法律规范体系、高效的法治实施体系、严密的法治监督体系、有力的法治保障体系，形成完善的党内法规体系，坚持依法治国、依法执政、依法行政共同推进，坚持法治国家、法治政府、法治社会一体建设。

2013年11月，中共中央颁布的《中央党内法规制定工作五年规划纲要（2013—2017年）》提出，在对现有党内法规进行全面清理的基础上，抓紧制定和修订一批重要党内法规，力争经过5年努力，基本形成涵盖党的建设和党的工作主要领域、适应管党治党需要的党内法规制度体系框架，使党内生活更加规范化、程序化，使党内民主制度体系更加完善，使权力运行受到更加有效的制约和监督，使党执政的制度基础更加巩固，为到建党100周年时全面建成内容科学、程序严密、配套完备、运行有效的党内法规制度体系打下坚实基础。《规划》的出台标志着党内法规建设进入体系化阶段。

2016年12月13日，党中央印发《关于加强党内法规制度建设的意见》，《意见》贯彻落实以习近平同志为核心的党中央关于全面从严治党、依规治党的重大决策部署，从指导思想、总体目标、加快构建完善的党内法规制度体系、提高党内法规制度执行力、加强组织领导等方面，对加强新形势下党内法规制度建设提出明确要求、作出统筹部署。《意见》强调，党内法规制度体系，是以党章为根本，以民主集中制为核心，以准则、条例等中央党内法规为主干，由各领域各层级党内法规制度组成的有机统一整体。《意见》提出，到建党100周年时，形成比较完善的党内法规制度体系、高效的党内法规制度实施体系、有力的党内法规制度建设保障体系，党依据党内法规管党治党的能力和水平显著提高。因此，《意见》明确了新形势下加强党内法规制度建设的指导思想、总体目标、重点任务和重要举措，是党的历史上第一次出台加强党内法规制度建设的专门文件，具有里程碑式的重要意义。

2016年12月24日至25日，全国党内法规工作会议在京召开。习近平总书记作出重要指示强调，党的十八大以来，党中央高度重视党内法规制度建设，推动这项工作取得重要进展和成效。加强党内法规制度建设是全面从严治党的长远之策、根本之策。我们党要履行好执政兴国的重大历史使命、实现党和国家的长治久安，必须坚持依法治国与制度治党、依规治党统筹推进、一体建设。要以改革创新精神加快补齐党建方面的法规制度短板，力争到建党100周年时形成比较完善的党内法规制度体系，为提高党的执政能力和领导水平、推进国家治理体系和治理能力现代化、实现中华民族伟大复兴的中国梦提供有力的制度保障。

2017年10月18日，党的十九大报告提出，要增强依法执政本领，加快形成覆盖党的领导和党的建设各方面的党内法规制度体系，加强和改善对国家政权机关的领导。

2018年2月23日，中共中央公布了《中央党内法规制定工作第二个五年规划（2018—2022年）》。《规划》深入贯彻落实习近平新时代中国特色社会主义思想和党的十九大精神，着眼于到建党100周年时形成比较完善的党内法规制度体系，对今后5年党内法规制度建设进行顶层设计，提出了指导思想、目标要求、重点项目和落实要求，是推进新时代党内法规制度建设的重要指导性文件。《规划》提出,要适应新时代坚持和加强党的全面领导、以党的政治建设为统领全面推进党的各项建设的需要,到建党100周年时形成以党章为根本、以准则条例为主干,覆盖党的领导和党的建设各方面的党内法规制度体系,并随着实践发展不断丰富完善。党内法规制定质量明显提高,执行力明显提升,系统性、整体性、协同性明显增强。

2022年10月16日,党的二十大报告指出,坚持制度治党、依规治党,以党章为根本,以民主集中制为核心,完善党内法规制度体系,增强党内法规权威性和执行力,形成坚持真理、修正错误,发现问题、纠正偏差的机制。

由党中央以上重要决策部署可以看出,党中央对党内法规制度体系建设高度重视。为适应国家法治建设和党的建设的新形势新任务的需要,要加快形成覆盖党的领导和党的建设各方面的党内法规制度体系,到建党100周年时初步建成新时代党内法规制度体系。结合《中央党内法规制定工作五年规划纲要(2013—2017年)》和《中央党内法规制定工作第二个五年规划(2018—2022年)》中对党内法规制度体系建设的要求,可以看出,新时代党内法规制度体系应当有以下几个主要标志。

第一,整体上适应党的建设需要。建立健全党内法规制度体系,应当立足党情和实际,符合党的建设的一般规律,集中体现党和人民的意志,与全面从严治党、依规治党的需要相适应,与国家法治建设的需要相协调。

第二,基础主干法规制度已经制定。涵盖党的领导和党的建设的各个领域、各个方面的党内法规门类齐全,各个党规部门基本的、主要的党内法规已经齐备,党的领导和党的建设的各个领域、各个方面基本实现有规可依。

第三,实践急需的党内法规及时出台。针对党的建设和党的工作中存在的突出问题,以严肃党内政治生活、严明政治纪律和政治规矩、从严管理干部、推进作风建设、规范权力行使、发扬党内民主、加强党内监督、强化责任追究为重点,抓紧制定实践迫切需要的党内法规,切实解决干部群众普遍关注的热点难点问题。

第四,配套法规制度比较完备。与基础主干法规相配套的法规制度比较齐全，形成严密结构和制度合力。

第五，体系内部科学和谐统一。所有法规制度统一于党章和宪法，不同党规部门之间、不同位阶的党内法规之间、实体性规范和程序性规范之间、保障性规范与制裁性规范之间，做到上下配套、左右联动、前后衔接、系统集成。

第六，党内法规制度与国家法律法规衔接协调。党内法规制定机关与国家立法机关之间的沟通协调机制和备案审查联动机制运转顺畅，经过实践检验、立法条件成熟的党内法规能及时通过法定程序转化为国家法律，党内法规与国家法律相辅相成、和谐一致。

在党内法规制度体系上，2013年中共中央颁布的《中央党内法规制定工作五年规划纲要（2013—2017年）》是根据党内法规的调整对象，把党内法规分为党章及相关法规、党的领导和党的工作法规、思想建设法规、组织建设法规、作风建设法规、反腐倡廉建设法规、民主集中制建设法规、党的机关工作法规八类。其中，党章以及相关法规是除了党章外，根据党章的有关规定，确立党代表大会制度，明确党内选举规则，是党内法规制度体系的骨架和主干，主要包括党代表大会制度、党内选举制度、党内法规制定制度、党旗党徽四方面的法规。这方面已制定的党内法规主要有《中国共产党全国代表大会和地方各级代表大会代表任期制暂行条例》《中国共产党地方组织选举工作条例》《中国共产党基层组织选举工作暂行条例》《中国共产党党内法规制定条例》等。这种分类具有较强的现实意义，但党的十九大上对新时代党的建设总布局提出了新的要求，传统的"思想建设、组织建设、作风建设、反腐倡廉建设和制度建设"五大分类已经被新的"政治建设、思想建设、组织建设、作风建设、纪律建设和贯穿其中的制度建设"代替，因此，不能成为新时代党内法规制度体系分类的标准。

2016年12月13日，中共中央印发的《关于加强党内法规制度建设的意见》提出，完善以"1+4"为基本框架的党内法规制度体系，即在党章之下分为党的组织法规制度、党的领导法规制度、党的自身建设法规制度、党的监督保障法规制度四大板块，完善党的组织法规制度，全面规范党的各级各类组织的产生和职责，夯实管党治党、治国理政的组织制度基础。完善党的领导法规制度，加强和改进党对各方面工作的领导，为党发挥总揽全局、协调各方领导核心作用提供制度保证。完善党的自身建设法规制度，加强党的思想建设、组织建设、作风建设、反腐倡廉建设，深化党的建设制度改革，增强党的创造力、凝聚力、战斗力。完善党的监督保障法规制度，切实规范对党组织工作、活动和党员行为的监督、考核、奖惩、保障等，确保行使好党和人民赋予的权力。①

2018年中共中央颁布的《中央党内法规制定工作第二个五年规划（2018—2022年）》延续了《关于加强党内法规制度建设的意见》中的"1+4"分类标准，提出要适应新时代坚持和加强党的全面领导、以党的政治建设为统领全面推进党的各项建设的需要，到建党100周年时形成以党章为根本、以准则条例为主干，覆盖党的领导和党的建设各方面的党内法规制度体系，并随着实践发展不断丰富完善，党内法规制的系统性、整体性、协同性明显增强。《规划》提出，要坚持以党章为根本遵循，要突出准则在党内法规制度体系中的特殊地位和作用，要完善党的组织法规，要完善党的领导法规，要完善党的自身建设法规，要完善党的监督保障法规。② 由此可见，2018年《规划》确立的"1+4"的体系分类，把党内法规分为了党章、党的组织法规、党的领导法规、党的自身建设法规和党的监督保障法规五类。

2021年7月1日，习近平总书记在庆祝中国共产党成立100周年大会上的讲话中专门指出，党的十八大以来，中国特色社会主义进入新时代，我们坚持和加强党的全面领导，统筹推进"五位一体"总体布局、协调推进"四个全面"战略布局，坚持和完善中国特色社会主义制度、推进国家治理体系和治理能力现代化，坚持依规治党、形成比较完善的党内法规体系，战胜一系列重大风险挑战，实现第一个百年奋斗目标，明确实现第二个百年奋斗目标的战略安排，党和国家事业取得历史性成就、发生历史性变革，为实现中华民族伟大复

---

① 《中共中央印发 关于加强党内法规制度建设的意见》，《人民日报》2017年06月26日。
② 《中共中央印发 中央党内法规制定工作第二个五年规划（2018—2022年）》，《人民日报》2018年02月24日。

兴提供了更为完善的制度保证、更为坚实的物质基础、更为主动的精神力量。根据习近平总书记讲话中提出的"坚持依规治党、形成比较完善的党内法规体系"重要论述，2021年7月，中共中央办公厅法规局发布的《中国共产党党内法规体系》进一步指出，党内法规体系，是以党章为根本，以民主集中制为核心，以准则、条例等中央党内法规为主干，以部委党内法规、地方党内法规为重要组成部分，由各领域各层级党内法规组成的有机统一整体。按照"规范主体、规范行为、规范监督"相统筹相协调的原则，党内法规体系以"1+4"为基本框架，即在党章之下分为党的组织法规、党的领导法规、党的自身建设法规、党的监督保障法规四大板块。应当说，这种"1+4"分类模式基本反映了党的建设实际，覆盖党的建设各领域各方面，各分类之间也大致平衡，具有较强的科学性和合理性，成为当前党内法规理论研究和实践建设的框架依据和体系遵循。①

---

① 中共中央办公厅法规局：《中国共产党党内法规体系》，《人民日报》2021年08月04日。

第七讲　坚持依法治国、依法执政、依法行政共同推进，法治国家、法治政府、法治社会一体建设

全面依法治国是一个系统工程，要整体谋划，更加注重系统性、整体性、协同性。法治政府建设是重点任务和主体工程，要率先突破，用法治给行政权力定规矩、划界限，规范行政决策程序，加快转变政府职能。要推进严格规范公正文明执法，提高司法公信力。普法工作要在针对性和实效性上下功夫，特别是要加强青少年法治教育，不断提升全体公民法治意识和法治素养。要完善预防性法律制度，坚持和发展新时代"枫桥经验"，促进社会和谐稳定。

第一节　全面依法治国是一个系统工程

全面依法治国是中国特色社会主义的本质要求和重要保障，是国家治理的一场深刻革命。法治兴则国家兴，法治强则国家强。党的十九大报告把坚持全面依法治国确立为新时代坚持和发展中国特色社会主义基本方略的重要内容，对深化依法治国实践作出全面部署，为建设社会主义法治国家提供了科学指导。党的二十大报告把"坚持全面依法治国，推进法治中国建设"单独成篇，体现了党中央对法治建设的高度重视。在中国特色社会主义新时代，坚持不懈深化依法治国实践，对建设富强民主文明和谐美丽的社会主义现代化国家，实现中华民族伟大复兴的中国梦，具有重要意义。

依法治国既是文明进步的显著特征，也是汲取历史经验的结果。从新中国

建设历程看，我们党带领人民探索社会主义法治道路的实践中，既收获过重视法治的丰硕成果，也有过忽视法治的曲折经历。比如，我国在改革开放之前，由于"左"的指导思想影响，而改变了民主法制建设的良好势头，最终酿成了十年"文革"的历史性悲剧。"文革"的教训告诉我们，一个国家即使再繁荣昌盛、发展势头再强，如果没有一个好的法制环境，没有一套完备的法律体系，那么国家的发展就没有根本的保障。所以，邓小平同志在回答外国记者如何避免类似"文革"那样的错误时说，我们这个国家有几千年封建社会的历史，缺乏社会主义的民主和社会主义的法制。现在我们要认真建设社会主义的民主和社会主义的法制，只有这样，才能解决问题。① 改革开放以来，我们深刻总结我国社会主义法治建设的成功经验和深刻教训，把依法治国确定为党领导人民治理国家的基本方略，把依法执政确定为党治国理政的基本方式，走出了一条中国特色社会主义法治道路。全面依法治国是中国特色社会主义的本质要求和重要保障，当前必须把党的领导贯彻落实到依法治国全过程和各方面，坚定不移走中国特色社会主义法治道路。依法执政是中国共产党执政方式的重大转变，有利于加强和改善党的领导，是发展社会主义民主、实现人民当家作主的根本保证，是发展社会主义市场经济和扩大对外开放的客观需要，是国家长治久安的重要保障。

古往今来，法治是治国理政不可或缺的重要手段，但是，法治也不是万能的，治国理政仅靠法治是不够的。法安天下，德润人心。对一个国家的治理来说，法治与德治，从来都是相辅相成、相互促进的。坚持依法治国和以德治国相结合，把法律规范和道德规范结合起来，以道德滋养法治精神，需要倡导助人为乐、见义勇为、诚实守信、敬业奉献、孝老爱亲等美德善行，完善激励机制，褒奖善行义举，形成好人好报、德者有得的正向效应。同时，积极推进社会公德、职业道德建设，深入开展家庭美德和个人品德教育，增强法治的道德底蕴。强化道德规范的教育、评价、监督等功能，努力形成良好的社会风尚和

---

① 《邓小平文选》第二卷，人民出版社1994年版，第348页。

第七讲 坚持依法治国、依法执政、依法行政共同推进，法治国家、法治政府、法治社会一体建设

社会秩序。①

全面依法治国是一个系统工程。发挥法治在维护社会大局稳定、加强和创新社会治理中的作用，不能脱离法律生长的经济社会背景，不能仅仅抽象地就法律谈法律，以法律裁剪生活，这就容易落入"法治万能"的教条主义的窠臼。应当坚持法律效果、政治效果与社会效果的有机统一，努力实现形式正义与实质正义的有机统一。坚持"三个效果"的统一，是由法治的本质决定的，是对法治建设非常高的要求。从法律效果而言，就是要依法执法、依法裁判，是否依法办事是检验法律效果的重要标准，树立正确的法治理念，全面准确地理解和适用法律，实现法律的目的和秩序、正义、自由、平等等价值；从政治效果而言，就是通过法律的实施实现国家意志，维护党的执政地位、维护国家安全、维护人民利益、服务社会大局，保障党和国家事业顺利进行；从社会效果而言，法律作为社会关系的调节器，其最终目的是要通过法律的公正高效权威实施回应社会需求、获得社会的认同，实现社会关系的协调和社会利益的调整。实现"三个效果"的统一，要充分注意到法律与政治、社会密切相关，不可分割，要通过法律效果实现政治效果和社会效果，合法性是前提；要结合政治效果和社会效果追求法律效果，服务大局服务社会是目的。既不能单纯追求法律效果，忽视政治效果和社会效果，也不能片面强调政治效果和社会效果，损毁法律的权威性和公信力。

实现"三个效果"的统一，不能把法治与服务大局对立起来。服务大局绝不是不按照法律办事，或者置法律于不顾另外搞一套标准，而是要学会运用法律武器，学会运用法律手段服务大局。在司法工作中，寻求政治和社会效果应当主要通过法律或法律之内实现，只有在特殊情况下，并在严格的规则和程序导向下，才可以"变通适用法律"。第一，社会效果的实现途径是多样的，但是司法追求的社会效果主要应该通过法律来获得，应该在法律之内来寻求。第二，强调通过法律来实现社会效果，并不意味着绝对不能通过法律之外的途径

---

① 《中共中央印发 法治社会建设实施纲要（2020—2025年）》，《人民日报》2020年12月08日。

来寻求社会效果。为了实现法的安定性、正义价值以及法的合目的性三者之间的平衡，我们也可以在特定的情况下，在严格限制条件的情况下，在某些方面通过法律之外的途径或变通法律适用获得。第三，法律效果和社会效果既有同一性，又有冲突性。只要法官充分发挥主观能动作用，多做工作，多想办法，采取恰当的方法和途径，是完全可以缩小他们之间的对立和冲突的，是完全可以在一定限度内实现二者的统一的。①

坚持"三个效果"的统一，要求我们牢记职责使命，进一步增强做中国特色社会主义事业建设者、捍卫者的主动性。法治建设具有很强的政治性、政策性和法律性、社会性，无论是经济建设、政治建设、文化建设、社会建设，还是生态文明建设，都与法治建设密切相关。立法机关、司法机关、执法机关都必须更加自觉地将法治建设置于中国特色社会主义事业总体布局中来审视，把维护稳定、促进和谐作为深化改革、推动发展的重要前提，把正确处理维护秩序与激发活力的关系作为加强和创新社会管理的关键点，把打击犯罪与保障人权、严格执法与热情服务有机结合起来，确保人民群众在平安和谐、公平正义中享受幸福生活，不断增强人民群众的安全感、满意度，不断提升法治队伍的亲和力、公信力。

实现"三个效果"的统一，要求我们在法治活动中讲策略、讲方法，把一切立法、司法和执法活动放在大局中研判，用心处理执法办案与服务发展、惩治腐败与维护发展、执行法律与执行政策等重大关系，处理好法律与社会、判决与民意、法律与习俗、正式制度与非正式制度、严格规则与自由裁量、机械司法与能动司法之间的关系。特别是在地方经济发展中，要努力使法治成为一个地方良好发展环境的重要组成部分，甚至成为良好发展环境的标志。既学会运用法治思维依法办理经济运行中的各类案件，又学会运用经济学思维来研究和处理企业经营中的法律问题。注重依法平等保护各类市场主体的合法权益，依法保护投资创业者的合法权益，依法保护企业员工的合法权益。在办理

---

① 江必新：《在法律之内寻求社会效果》，《中国法学》2009年第3期。

涉及企业的案件中，正确把握法律政策界限，正确把握执法方式方法，正确把握执法办案时机，正确把握打击违法犯罪与激发社会活力的关系，防止因自身执法方式不当给企业造成负面影响，防止因错误的或不恰当的执法行为让地方的投资发展环境受到损害，防止因履行职责不当损害守法企业和企业家的合法权益。

第二节 坚持系统治理、依法治理、综合治理、源头治理

建设法治中国是一个系统工程，必须坚持依法治国、依法执政、依法行政共同推进，坚持法治国家、法治政府、法治社会一体建设。习近平总书记对"共同推进"和"一体建设"作出了精要阐释，指出："依法治国、依法执政、依法行政是一个有机整体，关键在于党要坚持依法执政、各级政府要坚持依法行政。""法治国家、法治政府、法治社会三者各有侧重、相辅相成，法治国家是法治建设的目标，法治政府是建设法治国家的主体，法治社会是构筑法治国家的基础。"① 法治政府建设要率先突破，加快建设职能科学、权责法定、执法严明、公开公正、廉洁高效、守法诚信的法治政府。

社会治理是一门科学，要求坚持系统治理、依法治理、综合治理、源头治理，确保社会既充满活力又和谐有序。全面提升社会治理法治化水平，依法维护社会秩序、解决社会问题、协调利益关系、推动社会事业发展，培育全社会办事依法、遇事找法、解决问题用法、化解矛盾靠法的法治环境，促进社会充满活力又和谐有序。②

1. 树立系统治理理念。 加强党委领导核心作用，发挥政府主导作用，鼓励和支持社会各方面参与社会治理，实现政府治理和社会自我调节、居民自治良性互动。树立以人为本、群众主体、协商协调的治理理念，凡与群众切身利

---

① 习近平：《加强党对全面依法治国的领导》，《求是》2019年第4期。
② 《中共中央印发 法治社会建设实施纲要（2020—2025年）》，《人民日报》2020年12月08日。

益相关的政策措施的出台，都应当通过各种途径和形式，广泛听取社会组织和群众的意见和建议，并以协商、协同治理的心态来处理这些意见和建议；鼓励社会组织和普通民众有效、有序地参与、协同治理，满足人民群众自主参与经济、政治、文化、社会和生态文明建设活动的内在需要，减少社会矛盾。同时积极推进协商民主和基层民主，保障公众的参与权，发挥人民主人翁精神，推动社会和谐发展；努力完善党委领导、政府负责、社会协同、公众参与、法治保障的社会治理体制，打造共建共治共享的社会治理格局。

2. 树立依法治理理念。善于用法治精神引领社会治理，运用法治思维和法治方式化解社会矛盾，用法治方式破解社会治理难题，提升社会治理法治化水平；健全社会治理的法律制度，加强法治保障，确保社会治理成果的合法稳定有效。努力让人民群众在每一个司法案件中都感受到公平正义，法治建设要紧紧围绕这个目标来改进工作，重点解决影响司法公正和制约司法能力的深层次问题。要坚持司法为民，改进司法工作作风，通过热情服务，切实解决好老百姓打官司难问题，特别是要加大对困难群众维护合法权益的法律援助。司法工作者要密切联系群众，规范司法行为，加大司法公开力度，回应人民群众对司法公正公开的关注和期待。要确保审判机关、检察机关依法独立公正行使审判权、检察权。确保在社会治理方式的创新中、社会矛盾纠纷的解决中切实树立依法治理的理念，将法治理念贯穿于社会治理方式创新的每一个环节。

3. 树立综合治理理念。要做到强化道德约束，规范社会行为，调节利益关系，协调社会关系，解决社会问题。政府更多地引导和更少地管制，民间组织等社会主体更多地承担社会治理的责任，市场力量在社会治理创新中发挥日益重要的作用，社会企业成为改善社会治理的重要角色等，努力形成市场的、法律的、文化的、习俗的等多种管理方法和技术，最终形成社会治理的综合力。发挥网络在治理社会中的重要作用，坚持资源共享与深度应用相结合，以信息化引领社会治理体系和治理能力现代化，比如以微博、微信、抖音、快手等新媒体为代表的网络社会治理成为社会关注的焦点，成为政府在治理社会中有效协调与市场、社会、公众这三者互动关系的利器，这也是对社会治理方法的创新与探索。要始终坚持把维护群众合法权益放在首位，推动解决保障和改善民生的突出问题，增进民生福祉，筑牢社会和谐稳定的民心基础。

4.树立源头治理理念。在多元化的社会治理体系中，基层是社会的单元细胞，是人作为社会成员参与社会活动最基本、最直接的载体，是捕捉和传输社会需求最敏感的触角，也是产生利益冲突和社会矛盾的"源头"、协调利益关系和疏导社会矛盾的"茬口"，同时又是我们党的执政之基、力量之源。基础不牢，地动山摇，因此，社会治理的关键在于夯实基层基础，应当在创新社会治理中不断加强基层建设。标本兼治、重在治本，要从源头上解决影响社会和谐稳定的深层次问题，以网格化管理、社会化服务为方向，健全基层综合服务管理平台，及时反映和协调人民群众各方面各层次利益诉求。

全面依法治国是一个系统工程，要整体谋划，更加注重系统性、整体性、协同性。国家治理现代化首先是国家治理法治化，要着眼于进一步解放和增强社会活力，转变社会治理理念，创新社会治理方式，提高社会治理水平。树立系统治理理念，自觉把法治建设融入中国特色社会主义事业总体布局中来推进；树立依法治理理念，善于用法治精神引领社会治理、用法治方式破解社会治理难题，提升社会治理法治化水平；树立综合治理理念，发挥党委领导核心作用、政府主导作用、社会各方面协同作用、群众主体作用，形成社会治理合力；树立源头治理理念，标本兼治、重在治本，从源头上解决影响社会和谐稳定的深层次问题。

以法治现代化推进国家治理现代化，要坚持把维护群众合法权益放在首位，推动解决保障和改善民生的突出问题，筑牢社会和谐稳定的民心基础。坚持维护群众权益与维护信访秩序相结合，学习和推广"枫桥经验"，建立依法有序表达诉求、及时就地解决群众合法合理诉求的机制，推动信访步入良性轨道。坚持常态治理与应急处置相结合，依托基层组织，整合资源力量，提升预防化解社会矛盾的能力和效果。坚持专项整治与长效机制相结合，既破大案又管小案，坚持贯彻落实宽严相济刑事政策，既该严则严又当宽则宽，加快创新立体化社会治安防控体系，提高动态化条件下驾驭社会治安局势的能力。坚持资源共享与深度应用相结合,加强整体规划,提高信息互通和资源共享程度,拓展信息技术应用广度深度,完善信息安全保障体系,以信息化引领社会治理现代化。坚持党政主导与社会参与相结合,完善党组织领导的充满活力的基层群众自治机制,发挥人民团体、群众组织、企事业单位、社会组织的积极作用,深入开展基层平安创建活动,夯实社会治理的基础。①

20世纪60年代初,浙江枫桥干部群众创造了"依靠群众就地化解矛盾"的"枫桥经验",并根据形势变化不断赋予其新的内涵,成为全国社会综治战线的一面旗帜。习近平总书记强调,各级党委和政府要充分认识"枫桥经验"的重大意义,发扬优良作风,适应时代要求,创新群众工作方法,善于运用法治思维和法治方式解决涉及群众切身利益的矛盾和问题,把"枫桥经验"坚持好、发展好,把党的群众路线坚持好、贯彻好。② 发动和依靠群众,坚持矛盾不上交,就地解决问题,是"枫桥经验"最突出的特点。学习和推广"枫桥经验",就是争取做到"小事不出村,大事不出镇,矛盾不上交"。继承和发展"枫桥经验",要从创新理念、完善政策、健全机制等方面入手,不断创新社会治理方式,着力提升预防化解社会矛盾的水平。

当前,社会矛盾多发,除各方面客观原因外,一个重要原因是一些干部在处理政府与群众利益关系上,没有树立让改革发展成果更多惠及百姓的理念。只有让广大群众从党和政府的方针政策中获得实惠,我们才能赢得广大群众发自内心的认同和拥护,才能为社会和谐稳定奠定坚实基础。检验社会治理水平的高低,不仅要看紧急情况下应急处置能力,更要看常态下矛盾纠纷预防化解效果。要把源头治理、动态管理、应急处置有机结合起来,完善矛盾纠纷排查、预警、化解、处置机制。预防化解社会矛盾,重点在基层,关键靠群众。群众对自身利益最关切,对矛盾纠纷产生的原因、存在的症结最清楚,解决起来最有智慧。把基层作为一切工作的重点,加强基层党组织、群众自治组织的作用、

---

① 孟建柱:《新形势下政法工作的科学指南——深入学习贯彻习近平同志在中央政法工作会议上的重要讲话》,《人民日报》2014年01月29日。
② 中共中央文献研究室、中央党的群众路线教育实践活动领导小组办公室编:《关于"党的群众路线教育实践活动牢记使命"论述摘编》,党建读物出版社、中央文献出版社2014年版,第72页。

社会组织建设，发挥广大法学法律工作者、律师、社区工作者、义工的作用。健全新型城乡社区管理服务体系，努力把城乡社区建设成为政府社会管理的平台、居民日常生活的依托、社会和谐稳定的基础。①

第三节 不断提升全体公民法治意识和法治素养

法治社会是构筑法治国家的基础，法治社会建设是实现国家治理体系和治理能力现代化的重要组成部分。建设信仰法治、公平正义、保障权利、守法诚信、充满活力、和谐有序的社会主义法治社会，是增强人民群众获得感、幸福感、安全感的重要举措。全民守法是法治社会的基础工程。树立宪法法律至上、法律面前人人平等的法治理念，培育全社会法治信仰，增强法治宣传教育针对性和实效性，引导全体人民做社会主义法治的忠实崇尚者、自觉遵守者、坚定捍卫者，使法治成为社会共识和基本原则。②党的十九大报告指出，坚持法治国家、法治政府、法治社会一体建设，坚持依法治国和以德治国相结合，依法治国和依规治党有机统一，深化司法体制改革，提高全民族法治素养和道德素质。党的二十大报告进一步提出，弘扬社会主义法治精神，传承中华优秀传统法律文化，引导全体人民做社会主义法治的忠实崇尚者、自觉遵守者、坚定捍卫者。建设覆盖城乡的现代公共法律服务体系，深入开展法治宣传教育，增强全民法治观念。推进多层次多领域依法治理，提升社会治理法治化水平。发挥领导干部示范带头作用，努力使尊法学法守法用法在全社会蔚然成风。提升法治意识和法治素养，增强法治观念，主要是指公民要掌握相关的法律知识、树立相应的法律意识、形成自觉的法律信仰等。但从目前的情况来看，公民法治素养的提升之路还有很长的路要走。比如，法律权威性不足，法律信仰未完全

---

① 孟建柱：《加强和创新群众工作　为全面建成小康社会创造和谐稳定的社会环境——纪念毛泽东同志批示"枫桥经验"50周年》，《求是》2013年第21期。
② 《中共中央印发　法治社会建设实施纲要（2020—2025年）》，《人民日报》2020年12月08日。

建立；对法律基础知识认识有限；对法律的适用范围理解不深；不清楚运用法律手段解决纠纷的流程和规范；缺乏主体意识，参与法治建设的积极性不高、创造性不足等问题。提升全民法治素养，建成法治国家、法治政府、法治社会，是一个宏大的工程，它不仅需要人人守法，而且需要人人用法并捍卫法治。

党的十八大以来，以习近平同志为核心的党中央高度重视全民法治素养特别是领导干部的法治素养提升，要求领导干部要做尊法学法守法用法的模范，带动全党全国一起努力，在建设中国特色社会主义法治体系、建设社会主义法治国家上不断见到新成效。在法治素养对领导干部的重要性方面，习近平总书记指出，我们的党政领导干部都应该成为复合型干部，不管在什么岗位工作都要具备基本的知识体系，法律就是其中基本组成部分，对各方面基础性知识，大家都得掌握、不可偏废，在此基础上做到术业有专攻。党政主要负责人要履行推进法治建设第一责任人职责，统筹推进科学立法、严格执法、公正司法、全民守法。用人导向最重要、最根本，也最管用。法治素养是干部德才的重要内容，要把能不能遵守法律、依法办事作为考察干部重要内容，要抓紧对领导干部推进法治建设实绩的考核制度进行设计，对考核结果运用作出规定。要强化法规制度意识，在全党开展法规制度宣传教育，引导广大党员、干部牢固树立法治意识、制度意识、纪律意识，形成尊崇制度、遵守制度、捍卫制度的良好氛围，坚持法规制度面前人人平等、遵守法规制度没有特权、执行法规制度没有例外。习近平总书记关于法治素养的重要论述，指明了法治建设的基础，并强调党员领导干部在法治素养培养和践行中要起到先锋模范作用，为整个法治氛围的营造带好头、示好范。具体来说，提高全体公民法治素养，重点要把握好以下几个方面。

1. 掌握一定的法治知识是提高全体公民法治素养的根本。基础不牢，地动山摇。全民性的法治知识要体现针对性与普及性，它不是深奥的理论研究，而是贴近现实和生活的法治体验，是公民易于掌握又容易指导实践的常识性法律知识。要引导全体公民学习掌握以宪法为核心的中国特色社会主义法律体系知识、中国特色社会主义法治体系知识、社会主义法治国家知识、中国特色法治理论知识等相关知识。只有在对法治知识系统掌握的基础之上，才会对权利义务、对什么该为、什么不该为、该怎么为有更清楚的认识，才会用法治思维思考问题，用法治手段解决问题，才能去谈论法治进而用法治来治理国家。

2. 强化法治意识是提高全体公民法治素养的前提。法治意识是人们对法律发自内心的认可、崇尚、遵守和服从，它是法律意识的高级形态，是社会成员作为独立主体在实践中所形成的关于法治的思想观念、知识、心态和思想体系的总成，是符合建设法治社会的法律意识，是人们对法律和法律现象的看法和法律规范的认同的自觉程度最高的一种意识。有了这种意识，就能促进公民自觉守法、遇事找法、解决问题靠法，就会增强有权利就有责任、有权利就有义务的观念，更包括宪法法律至上、法律面前人人平等等法治理念。推动全社会树立法治意识，增强全社会厉行法治的积极性和主动性，形成守法光荣、违法可耻的社会氛围，使全体人民都成为社会主义法治的忠实崇尚者、自觉遵守者、坚定捍卫者，深化依法治国实践才能成为现实。法治意识不会从天而降，领导干部带头学法、模范守法是树立法治意识的关键，各级党组织和全体党员应当带头尊法学法守法用法，健全普法宣传教育机制，从而引导全民族树立起参与建设法治国家伟大实践的意识。

3. 弘扬法治精神是提高全体公民法治素养的灵魂。党的十八届四中全会提出，建设中国特色社会主义法治国家必须坚持中国共产党领导、坚持人民主体地位、坚持法律面前人人平等、坚持依法治国与以德治国相结合、坚持从中国国情出发。这"五个坚持"是中国社会主义法治精神的凝练概括，如果没有弘扬法治精神这个法治素养灵魂的引领，法治的躯壳就失去了生命力，法律至上、公平正义、保障人权、权力制约、社会和谐等价值追求就会成为空谈。当前，我国的法治精神在培养和践行上还有种种不尽如人意的地方，比如要求他人易、要求自己难，主张权利易、承担义务难，个体法治精神的形成，既需要历经内在的自我认知过程，也需要外在力量的影响。因此，要使全民族都成为社会主义法治的忠实崇尚者、自觉遵守者、坚定捍卫者，要形成守法光荣、违法可耻的社会氛围，就应当将法治精神贯穿于科学立法、严格执法、公正司法、全民守法的整个法治过程中，为全体人民积极参与建设法治国家伟大实践指明方向。

4. 培育坚定法治信仰是提高全体公民法治素养的内生力量。人之所以能独立，是需要信仰支撑的。一个国家的法治建设也是这样。在古代社会，孟子"徒善不足以为政，徒法不能以自行"、管子"国皆有法，而无使法必行之法"、张居正"天下之事不难于立法，而难于法之必行"皆说明了这个道理。当前，社会中还不同程度上存在"中国式过马路""诉讼不如上访、上访不如上网""潜规则"等现象，说到底，都反映出法治信仰缺失的问题。法治必须被信仰，否则它将形同虚设，法治的根基在于人民发自内心的拥护，法治的力量源于公民出自真诚的信仰。"要使全民族都从内心深处真诚地拥护和信仰法律的权威，就必须培育坚定的法治信仰这一力量源泉，否则深化依法治国实践就会失去人民的支持。要培育坚定的法治信仰，就必须坚持民主立法，努力让人民群众在每一个司法案件中感受到公平正义，增强全民族对法治国家伟大实践必将取得伟大胜利的信心和力量。"[①]

[①] 杜玉琼：《提高全民族法治素养 以人民为中心深化依法治国实践》，《光明日报》2018年02月23日。

第八讲 坚持全面推进科学立法、严格执法、公正司法、全民守法

全面推进依法治国要继续推进法治领域改革，解决好立法、执法、司法、守法等领域的突出矛盾和问题。公平正义是司法的灵魂和生命。要深化司法责任制综合配套改革，加强司法制约监督，健全社会公平正义法治保障制度，努力让人民群众在每一个司法案件中感受到公平正义。要加快构建规范高效的制约监督体系。要推动扫黑除恶常态化，坚决打击黑恶势力及其"保护伞"，让城乡更安宁、群众更安乐。

第一节 全面推进科学立法

法律是治国之重器，良法是善治之前提。立法是法治的起点，确立法律作为统一秩序的基准，集中凝聚公平正义价值和司法权威。所谓"小智治事、中智用人、大智立法"，立法工作作为国家的重要政治活动，是为国家定规矩、为社会定方圆的神圣工作，是法治建设的源头环节。建设法治中国，必须加强和改进立法工作，深入推进科学立法、民主立法、依法立法，不断提高立法质量和效率，以高质量立法保障高质量发展、推动全面深化改革、维护社会大局稳定。① 党的十八大提出"科学立法、严格执法、公正司法、全民守法"，开启了科学立法的时代。2017年10月18日，习近平总书记在党的十九大报告

---

① 《中共中央印发 法治中国建设规划（2020—2025年）》，《人民日报》2021年01月11日。

中进一步指出，要推进科学立法、严格执法、公正司法、全民守法，以良法促进发展、保障善治。2022年10月16日，习近平总书记在党的二十大报告中再次强调，推进科学立法、民主立法、依法立法，统筹立改废释纂，增强立法系统性、整体性、协同性、时效性。完善和加强备案审查制度。这就为新时代科学立法工作提出了新的要求，也为新时代法治建设提供了基本遵循。

对于立法工作，习近平总书记高度重视，围绕立法工作提出了一系列新理念新思想新战略，标志着我们党对法治的理论认识和实践探索达到了新的高度，为新形势下开展立法工作指明了前进方向，提供了基本遵循。习近平总书记尤其重视立法的科学性，多次强调要提高立法科学化、民主化水平，指出立法质量直接关系到法治的质量，也是法律能否得到公众广泛认可并有效实施的前提条件。建设社会主义法治国家，发挥立法的引领和推动作用，必须抓住提高立法质量这个关键，深入推动科学立法、民主立法。

2012年12月4日，习近平总书记在首都各界纪念现行宪法公布施行三十周年大会上，对加强立法进行了全面部署和要求，提出我们要以宪法为最高法律规范，继续完善以宪法为统帅的中国特色社会主义法律体系，把国家各项事业和各项工作纳入法制轨道，实行有法可依、有法必依、执法必严、违法必究，维护社会公平正义，实现国家和社会生活制度化、法制化。全国人大及其常委会要加强重点领域立法，拓展人民有序参与立法途径，通过完备的法律推动宪法实施，保证宪法确立的制度和原则得到落实。国务院和有立法权的地方人大及其常委会要抓紧制定和修改与法律相配套的行政法规和地方性法规，保证宪法和法律得到有效实施。

习近平总书记特别关切人民群众对立法的期待，要求立法工作必须反映群众呼声。2013年2月23日，在十八届中央政治局第四次集体学习时，习近平总书记在主持学习时强调，人民群众对立法的期盼，已经不是有没有，而是好不好、管用不管用、能不能解决实际问题；不是什么法都能治国，不是什么法都能治好国；越是强调法治，越是要提高立法质量。这些话是有道理的。我们要完善立法规划，突出立法重点，坚持立改废并举，提高立法科学化、民主化水平，提高法律的针对性、及时性、系统性。要完善立法工作机制和程序，扩大公众有序参与，充分听取各方面意见，使法律准确反映经济社会发展要求，更好协调利益关系，发挥立法的引领和推动作用。

2014年9月5日，在庆祝全国人民代表大会成立六十周年大会上，习近平总书记在讲话中指出，要抓住提高立法质量这个关键，深入推进科学立法、民主立法，完善立法体制和程序，努力使每一项立法都符合宪法精神、反映人民意愿、得到人民拥护。

2014年10月20日，受中央政治局委托，习近平总书记就《中共中央关于全面推进依法治国若干重大问题的决定》起草情况向全会作说明时指出，推进科学立法、民主立法，是提高立法质量的根本途径。科学立法的核心在于尊重和体现客观规律，民主立法的核心在于为了人民、依靠人民。要完善科学立法、民主立法机制，创新公众参与立法方式，广泛听取各方面意见和建议。

2014年10月23日，习近平总书记在《求是》杂志上发表了《加快建设社会主义法治国家》一文，提出推进科学立法，关键是完善立法体制，深入推进科学立法、民主立法，抓住提高立法质量这个关键。要优化立法职权配置，发挥人大及其常委会在立法工作中的主导作用，健全立法起草、论证、协调、审议机制，完善法律草案表决程序，增强法律法规的及时性、系统性、针对性、有效性，提高法律法规的可执行性、可操作性。要明确立法权力边界，从体制机制和工作程序上有效防止部门利益和地方保护主义法律化。要加强重点领域立法，及时反映党和国家事业发展要求、人民群众关切期待，对涉及全面深化改革、推动经济发展、完善社会治理、保障人民生活、维护国家安全的法律抓紧制定、及时修改。法律制度的好坏从根本上决定着国家治理的结果，法治中国建设要求坚持立法先行，并且必须以高质量的法律体系作为治国理政的依据。习近平总书记的重要论述，深刻阐明了提高立法质量的重要性，也对路径和方向进行了全面部署，为新时期提高立法质量提供了指导思想。立法并非轻而易举，更不可能一蹴而就。这就要求推动立法的政治家既要高瞻远瞩也要洞幽烛微，具备政治远见和全球视角，善于宏观思考，注重顶层设计；也要有敢为天下先的政治勇气，敢于打破利益沟壑，以大无畏的勇气毫不动摇地持续推动立法。习近平总书记的重要论述，充分展现了当代共产党人的历史自觉和为民担当，为推进科学立法指明了方向，为推动全面依法治国和建设社会主义法治体系提供了基本遵循和行动指南。

立善法于天下，则天下治；立善法于一国，则一国治。党的十九大描绘了中国特色社会主义新时代的法治蓝图，也为科学立法注入了新的内涵。相较于党的十一届三中全会提出的"有法可依，有法必依，执法必严，违法必究"这一"老十六字"方针，"科学立法、严格执法、公正司法、全民守法"这一"新十六字"方针对立法提出了新的要求，立法工作的重心实现了从"有无"到"科学"的转变。这个转变的历史背景在于，至2010年底，中国特色社会主义法律体系基本形成，我们国家和社会生活总体上实现了有法可依，提高立法的科学化水平成为下一步最重要的工作。2023年新修订的立法法第7条规定：立法应当从实际出发，适应经济社会发展和全面深化改革的要求，科学合理地规定公民、法人和其他组织的权利与义务、国家机关的权力与责任。法律规范应当明确、具体，具有针对性和可执行性。这一规定就从法律上明确了科学立法的基本理念和指导思想。

习近平总书记指出，科学立法的核心在于尊重和体现客观规律。科学立法，就是要求法律准确反映和体现所调整社会关系的客观规律，同时遵循法律体系的内在规律。实现科学立法，必须坚持以科学的理论为指导，从国情和实际出发，科学合理地规范公民、法人和其他组织的权利与义务，科学合理地规范国家机关的权力与责任，使法律符合经济社会发展要求，真正经得起实践和历史的检验。具体来说，科学立法的内涵包括三个方面。首先，法律作为一种社会行为规范，它本身既是经济社会发展进步的产物，也要随着经济社会发展进步而与时俱进，只有如此，立法内容才可能具有科学性、合理性，正如马克思所指出：立法者"在任何时候都不得不服从经济条件，并且从来不能向经济条件发号施令。无论政治的立法或市民的立法，都只是表明和记载经济关系的要求而已"。其次，法律是掌握国家政权的统治阶级意志的体现，在我国就是人民意志的体现。制定法律必须要站在人民立场，从人民的利益出发，使每一项立法都符合宪法精神、反映人民意志、回应人民关切、得到人民拥护。最后，法律作为一门社会科学，必须有一套严谨的科学方法，要求逻辑自洽、细致周密，各部门法应当相互衔接、共同配合，形成独立完整的体系。总的来说，就是要尊重和体现规律，在立法设计上要有正确的政治立场和严密的规划，立法过程具备科学性，最终实现立法结果的高质量。

第一，科学立法是建设中国特色社会主义法治体系的重要前提。全面推进依法治国总目标是建设中国特色社会主义法治体系、建设社会主义法治国家。良法善治是法治的最高境界，科学完备的法律体系是建设法治中国的前提条件和重要基础。要建成中国特色社会主义法治体系，必须实现以下几个目标：重要的社会关系只能由法律调整；法律法规必须清楚、肯定、具体，具有较强的可诉性和可操作性；法律体系应当结构严谨、内部和谐、内容完备，各部门法之间、各种不同渊源的规范性法律文件之间要彼此衔接、和谐一致。以上都对科学立法水平提出了较高要求。可以说，科学立法是实现法治国家、法治政府、法治社会一体建设的逻辑起点，也是实现严格执法、公正司法、全民守法等要求的法治基础。

第二，科学立法是为人民谋幸福的必然要求。社会主义国家的本质是人民当家作主，立法为民就是要求每一项立法都真正反映最广大人民的意志愿望、充分实现最广大人民的民主权利、切实维护最广大人民的根本利益，以为人民谋美好幸福生活提供法律保障。"法不察民情而立之，则不威。"只有坚持科学立法，使社会公众都参与和监督立法的全过程，充分发挥人民群众这一历史创造者的智慧和能量，才能使法律真正体现和表达公民的意志，真正成为保护人民财产权利和人身权利的良法。只有形成系统完备、科学规范、运行有效、成熟定型的法律体系，法律权威才能够深入人心、让人信服；法治观念才能够深入人心，触及灵魂，融入血液；法律法规知识才能够在全社会范围内广为人知、乐于接受，形成全民学法、知法、懂法、守法的良好氛围。以制定1954年宪法为例，宪法草案经过了三次大规模的群众性讨论，全国约有一亿五千万余人参加，提出了 1180420 条修改、补充意见和建议，形成了一场真正的人民立宪运动。毛泽东同志说："这个宪法草案之所以得人心，是什么理由呢？我看理由之一，就是起草宪法采取了领导机关的意见和广大群众的意见相结合的方法。过去我们用了这个方法，今后也要如此。一切重要的立法都要采用这个方法。"正是因为以立法为民原则为引领，坚持科学立法，1954年宪法才能在时间和风雨的洗礼中经受住考验。

第三，科学立法反映了改革创新的时代主题。深化改革，于法有据；制度创新，法律先行。当今是一个改革的时代，对中国来讲，没有任何一种力量能比改革更有效地推动中国的发展与崛起。习近平总书记指出，凡属重大改革都要于法有据。这就向立法提出了引领和推动改革的重大历史使命。回顾历史，放眼世界，不少政治家都通过立法反映改革精神、推动社会发展、得到群众拥护，以立法凝聚起拥护改革、支持进步的最广大力量，实现国家崛起。战国时期的商鞅在改革变法的过程中创立了一套行之有效的法律制度，尽管本人终遭车裂，但"商君虽死，秦法未败"，改革成果得以保全延续。法国拿破仑也曾说："我真正的光荣并非打了40多次胜仗，滑铁卢之战抹去了关于一切的记忆。但是有一样东西是不会被人忘记的，那就是我的《民法典》。"这正是因为《民法典》作为资产阶级立法规范，维护了法国大革命的成果。历史经验反复告诉我们，法立而后功成，立法是改革的坚强后盾和政治保证。没有立法护航，改革只能步履蹒跚、如履薄冰；只有把国家的立法规划、立法成果和改革决策紧密结合起来，通过立法把改革者的主张上升为国家意志，把改革措施及时法律化、规范化和制度化，才能将改革进行到底。

科学立法既是一个理论课题，更是一个重要的实践课题。只有形成一套更加系统、科学的路径安排，才能把科学立法推向深入。党的十八大以来，在以习近平同志为核心的党中央的坚强领导下，在以全国人大及其常委会等各级立法主体共同努力下，一系列重大举措密集出台，科学立法硕果累累，以宪法为统帅，由法律、行政法规、地方性法规三个层次的法律规范构成的中国特色社会主义法律体系正在不断发展、不断完善，成为中国特色社会主义新时代长治久安的法制根基、改革创新实践的法制保障、建成法治中国的重要前提。

第二节 全面推进严格执法

坚持依法行政,建设法治政府是全面落实依法治国基本方略的重要内容,是新时代加强政府自身建设的重要内容,也是打造人民满意政府的必然要求。党的十九大指出:"全面依法治国是国家治理的一场深刻革命,必须坚持厉行法治,建设法治政府,推进依法行政,严格规范公正文明执法。"党的二十大进一步强调,法治政府建设是全面依法治国的重点任务和主体工程。转变政府职能,优化政府职责体系和组织结构,推进机构、职能、权限、程序、责任法定化,提高行政效率和公信力。深化事业单位改革。深化行政执法体制改革,全面推进严格规范公正文明执法,加大关系群众切身利益的重点领域执法力度,完善行政执法程序,健全行政裁量基准。强化行政执法监督机制和能力建设,严格落实行政执法责任制和责任追究制度。完善基层综合执法体制机制。中共中央、国务院印发的《法治政府建设实施纲要(2021—2025年)》提出,把法治政府建设放在党和国家事业发展全局中统筹谋划,加快构建职责明确、依法行政的政府治理体系,全面建设职能科学、权责法定、执法严明、公开公正、智能高效、廉洁诚信、人民满意的法治政府,为全面建设社会主义现代化国家、实现中华民族伟大复兴的中国梦提供有力法治保障。面对中国特色社会主义进入新时代、我国社会主要矛盾的新变化,政府各部门必须把依法行政作为行为准则,把建设法治政府作为重要任务,认真谋划落实好党中央和《实施纲要》提出的各项任务,努力营造良好法治环境,加快建设人民满意的法治政府。

依法治国作为中国基本治国方略,强调科学立法、严格执法、公正司法和全民守法,其中执法是关键。国家的法律法规都需要各级政府来实施,与群众关系最密切的也是各级人民政府,政府的决策与执法活动是否合法、是否适当,不仅关系人民福祉和社会稳定,也关系依法治国这一基本方略能否落实。① 因此,法治政府是依法治国的关键,如果能够紧紧抓住这个关键,在规范政府权力的行使、防止权力滥用方面有切实可行的制度安排,将对全面推进依法治国产生重大作用。2014 年 10 月,习近平总书记就《中共中央关于全面推进依法治国若干重大问题的决定》起草情况向党的十八届四中全会作说明时指出,各级政府必须坚持在党的领导下、在法治轨道上开展工作,加快建设职能科学、权责法定、执法严明、公开公正、廉洁高效、守法诚信的法治政府。法治政府就是政府在行使权力履行职责过程中坚持法治原则,严格依法行政,政府的各项权力都在法治轨道上运行。要求各级人民政府从决策到执行及监督的整个过程都纳入法制化轨道,权利与责任紧密相连,集有限政府、有效政府、有责政府于一身,并用法律加以固定,即为法治政府。

1. 法治政府首先是有限政府。 所谓有限政府是指在规模、职能、权力和行为方式都受到法律明确规定和社会有效制约的政府。有限政府中的有限是相对于法律效力而言的有限。在法治社会中,一切权力的行使都必须具有法律上的依据,否则就是权力的僭越和滥用。政府权力作为行政权力的集中体现,也必须寻求法律上的依据,才能使自己的行政行为具有合法性基础,因而政府在行使行政权力的时候,必须处处受到法律的规束,越权无效应该成为政府权力运行的首要原则。有限政府是相对于无限政府而言的,在无限政府模式下,政府作为国家权力的集中行使者,管理的范围涉及社会的方方面面,上至国家行政机关之间的权力的分配与协调,下至普通民众的衣食住行,无所不管,但是没有一个能真正管理得好。这种无限政府模式的弊端在我国以前的计划经济体制模式下体现得一览无余。政府权力的急剧扩张,最终导致社会权利和个人权利的极度萎缩。国家机构的人员膨胀,人浮于事,效率低下,办事冗慢,而个人的一切生活全部依靠于国家行政机关的安排,也缺少创造与劳动的激情,所以无限政府的一个直接后果就是国家运行效率的整体低下。而有限政府则正好

---

① 习近平:《论坚持全面依法治国》,中央文献出版社 2020 年版,第 221 页。

能克服无限政府所带来的弊端。首先，有限政府的职能有限：有限政府的职责和功能的发挥必须限制在一定的范围内，作为国家公共权力的执行机关，政府应当集中精力来完成一些重要的、基础性的公共事务，尽量做到较少从事细节性和具体性公共事务，绝不允许政府干涉公民的私人事务。其次，有限政府的权威有限：在现代民主社会里，政府的权威来自宪法和选民的意志，而这种权威本身又应当是一种有限的权威，它只能在公共领域中的某些部分发挥作用，而且要受到立法和司法权力的限制。最后，有限政府的自身规模有限：全能政府必定是一个机构臃肿、人浮于事的"大政府"，而有限政府则应当是一个机构精简、工作高效的"小政府"，有限政府的自身规模也一定相对较小，其扩张趋势必然受到各方面力量的限制。从职能、权威、规模对政府进行限制之后，有限政府的功用可以得到更好地发挥。

2. 法治政府应当是有效政府。对于法治政府来说，有限政府并不是最终的目的，对政府权力进行限制的最终目的还是要保证政府运行得有效率。所以，对有限政府来说，有限是为了有效。正是因为有限政府必须是有效政府，所以政府对社会整体效率的促进作用便成为政府存在的首要责任。因而有效政府并不仅仅是规模有限的政府，假定政府的规模确实有限，但是，其政府职能却无从发挥，既不能为社会的发展提供必需的法律保障，也不能为经济的运行提供必需的发展环境，那这样的政府仍然是一个不合格的政府。从政府运行的角度来看，政府的行为不仅要符合法律的授权和规定，而且还要注重办事效率的提高，所以，政府既要提高服务质量又要降低成本，其目的在于追求高效的政府；政府的功能是执行国家意志，实施国家权力机关制定的法律规范，其本质是依法行政；政府是受到一定监督的民主政府，它必须倾听民众呼声，鼓励民众参与政府行为的过程并在合理的授权范围内活动。在这样的前提下，才能确保政府既是有限政府，也是有效政府。有效政府的内容主要涉及两个方面，第一，政府的自身管理活动有效。一个有效政府在进行自我内部管理时，必然具备较为科学的人事、财政、决策、咨询、评估等制度，因而必然是高效率的。这是一个有效政府存在的基本前提，也是一个有限政府发挥作用的关键。第二，政府在社会公共事务管理上是有效的。一个有效政府必然是一个致力于提供高质量的社会公共产品和公共服务的行政组织。不论在什么条件下，政府行为的有效性始终是法治政府不变的价值追求，政府行为的廉洁、高效也都将是法治政府建设的根本目标。

3. 法治政府必须是有责政府。权力本身具有扩张性的倾向，正如阿克顿勋爵所说："权力导致腐败，绝对的权力绝对地导致腐败。"在这种情况下，对权力尤其是政府权力的限制便成为法治的第一要义。对权力进行限制，有好几种模式可供选择。一是权力对权力的限制，在权力之间实行权力分立与权力制衡，通过权力之间的分工来制约某一权力的过分肥大，最典型的是立法权、司法权对行政权的制约。二是权利对权力的制约，对于权力来说，权力运行与存在都是为了保障权利。在权力与权利的关系中，权力服从于权利，权利是权力的目的和界限。对于权力来说，法无明文即禁止，任何权力的行使都不能超越自己的活动范围对权利造成侵害，否则的话，越权无效，而对于权利来说，法无明文即自由，只要法律没有明确地禁止权利的行使，那么权利的行使就不受权力的干预。三是责任对权力的限制。所谓责任是指法律对权力的一种否定性评价以及需要承担的不利后果，对于政府来说，由于政府行使的国家权力，在行使国家权力的行为的同时也必然要承担责任的后果。以责任制约权力的最基本的思路为：社会中每一个权力主体对自己行使权力所带来的各种后果都要承担相应的责任，这种责任既可以是政治责任，也可以是法律和道义责任。行政权力的责任制约，是健全权力制约机制的重要环节，是建立现代民主政治的必由之路。现代政治基本上是一种民主政治，民主政治的一个理论前提就是"主权在民"，一切国家权力只有经过民主程序的同意和授权之后才具有合法性。在选民根据自己的选举权选举出行政官员之后，其对行政官员的直接控制力就会受到削减，在这种情况下，如何保证选举人对选民的承诺将成为衡量一个政府和官员是否合格的基本标志。当政府权力的行使超越了法律的规定，或者由于政府行为的玩忽职守而给社会造成巨大的损失的时候，对行为者的法律责任的追究就成为有责政府的应有之义。权力必然导致责任，这是法治政府对待权力的一个基本立场。

　　法治政府的核心内涵是依法行政，确保权力行使不能恣意、任性。依法行政，首先要职权法定。法定职责必须为，法无授权不可为。推进政府机构、职能、权限、程序和责任法定化，厘清权力的边界，是建设法治政府的前提。2014年5月26日，习近平总书记在十八届中央政治局第十五次集体学习时指出，各级政府一定要严格依法行政，切实履行职责，该管的事一定要管好、管到位，该放的权一定要放足、放到位，坚决克服政府职能错位、越位、缺位现象。随着我国民主法治建设深入推进，人民群众法律意识、权利意识日益增强，对实现社会公平正义的要求也越来越迫切。这就要求我们必须紧紧围绕促进社会公平正义、维护社会和谐稳定这一着眼点、着力点，积极推进依法行政，进一步转变执法理念、改进执法方式，增强执法素养、提高执法水平，坚定不移地做社会公平正义的促进者、社会和谐稳定的维护者，为全面建设社会主义现代化国家、全面推进中华民族伟大复兴创造安全稳定的社会环境、公平正义的法治环境和优质高效的服务环境。

　　政府是法律实施的重要责任主体。研究表明，多达80%以上的法律法规主要由行政机关负责实施。今天，我们能不能有效推进全面依法治国，建设法治国家，关键就在于各级政府能不能严格依法行政、依法办事。让政府工作在法治轨道上开展，把权力装进制度的笼子里，关键要从政府决策的源头抓起，确保政府的行政决策程序正当、过程公开、责任明确，经得起历史和法律的检验。在现代社会，社会事务更加复杂，行政管理的范围更为广阔，执法的范围也日益扩大，行政执法对社会生活的影响也日渐明显。尽管行政执法对社会生活起着如此巨大的调节作用，但是，在当前的行政执法中，由于行政权力自身的扩张性、膨胀性，也出现了许许多多的问题，对此我们要加以正视和解决。

　　执法是行政机关最基本的履职要求，严格规范公正文明执法，是新常态下对行政执法工作的新要求。党的十八大报告明确提出，要推进依法行政、依法治国，建设社会主义法治国家。党的十八届四中全会提出，创新执法体制，完善执法程序，推进综合执法，严格执法责任，建立权责统一、权威高效的依法行政体制。行政机关实施行政许可、行政处罚、行政强制、行政征收、行政收费、行政检查等执法行为，是履行政府职能的重要方式，直接关系到公民、法人和其他组织的权利义务。2016年12月30日，习近平总书记主持中央全面深化改革领导小组第三十一次会议审议通过了《推行行政执法公示制度执法全过程记录制度重大执法决定法制审核制度试点工作方案》，对于促进行政机关严格规范公正文明执法，保障和监督行政机关有效履行职责，维护人民群众合法权益，促进行政执法公开透明、合法规范，加快建设法治政府，进一步推进"放管服"改革，优化经济社会发展环境，具有重要意义。

严格、规范、公正、文明执法是新形势下党中央对行政执法工作更高的要求，是人民群众的殷切期望，也是做好行政执法工作的基本要求，是对执法者的执法水平和综合素质提出的更高标准。这就需要行政执法人员严格履行法定职责，坚持有法必依、执法必严、违法必究，依法惩处各类违法行为。完善行政执法程序，推进执法全过程记录，落实行政裁量权基准、执法人员持证上岗、重大执法决定法制审核、行政执法公示等制度，进一步规范行政执法行为。创新行政执法方式，加强行政执法信息化建设和信息共享，建立统一的行政执法信息平台，完善网上执法办案及信息查询系统，提高执法效率，降低执法成本。落实行政执法责任，健全投诉举报、情况通报等制度，坚决排除对执法活动的干预，防止和克服部门利益主义，惩治执法腐败现象。因此，正确理解严格规范公正文明执法的基本内涵，切实贯彻严格规范公正文明执法，不断提高执法公信力、提升行政机关的执法水平和能力、提高人民群众的安全感和满意度、维护公平正义、推动科学发展、促进社会和谐，具有重大而深远的意义。坚持严格规范公正文明执法是一个有机统一的整体。其中，严格是执法基本要求，规范是执法行为准则，公正是执法价值取向，文明是执法职业素养。

严格，就是以事实为依据，以法律为准绳，在执法工作中，必须做到"有法可依，有法必依，执法必严，违法必究"。严格执法，就是要求执法者必须按照法律的要求执法，执法必须严格，不能随意执法，滥作为或不作为。"法无授权不可为，法定职责必须为"，就是要求我们执法者必须依法办事。"中华人民共和国的一切权力属于人民",我们手中的权力是人民通过法律授予我们的公权力,我们只能用来为人民服务,不能用公权力来谋私利。现实中有的领导干部走上违法犯罪道路,根本原因就在于没有把"权从哪里来、应该怎么用"这个重要问题想清楚、弄明白。他们有的错把权力当成待遇,心里想的是追求"特权";有的把权力当成权威,搞独断专行;还有的甚至把权力当成商品,为一己之私而贪权、弄权,搞权力寻租等。最终走上了党和人民的对立面,受到了党纪国法的惩处。所以,我们必须明白"为谁掌权?为谁执法?"必须树立正确的权力观、政绩观和利益观,认识到自己是在为党和人民掌权用权,必须把服务人民群众作为用权的根本目的,把群众满意作为用权的根本标准。真正做到情为民所系、权为民所用、利为民所谋。

规范,是指规范执法的程序,就是必须按照法律规定的程序执法,做到实体与程序并重。常言道:"没有规矩,不成方圆。"什么是规矩?对执法者来说法律法规就是规矩,不依法执法就是乱执法,就不能体现公平正义。如何规范执法?就是要按照法律预先设定的模式、程序、规则、轨迹完成执法的全过程,一切行政权力的行使必须要有法律的明确授权,一切行政权力的行使必须遵循法律规定的程序,在执法中既要确保适用法律准确,证据确实充分,量罚适当,也要确保程序合法。实践证明,执法的权威和公信力,是依靠严谨的程序规范来实现的。程序是规范的保证,规范是严格、公正的保证,违反程序执法,就是违规甚至违法。执法者必须严格依法依规执法,通过规范程序保证严格执法,树立执法权威和执法效果。

公正,就是公平正义,对执法者来说就是实现法律面前人人平等。公平正义是和谐社会的象征,是时代的呼唤,是人民群众的期盼,是法律的要求,更是执法者追求的价值取向。公正是为政之道、为官之德,也是立人之本。每个执法者都应当洁身自好,一身正气,不谄媚,不贪小便宜。公是针对私的,要求执法者站在人民群众的立场,用法律来维护人民群众的合法权益,而不是维护一己私利;正是针对邪的,要求执法者用法律来维护正义,惩治邪恶。公正执法,就是要求我们在执法办案中要秉公执法,铁面无私,让遵纪守法的人得到法律的保护，违法犯罪的人受到法律的惩罚，不管是什么人，触犯了法律都要受到法律的追究，体现法律面前人人平等。古人尚且能做到"王子犯法，与民同罪"，在法律十分健全的今天，我们更应该严格依法办事、依法执法，维护社会的公平正义，实现人民群众的期盼，促进社会和谐。古人云："公生明，廉生威"，意思是只有公正、公平才能使人明辨是非，只有清正、廉洁才能使人不为权势左右，平生威严。

文明，是指执法者文明的形象。文明是相对于简单粗暴而言的，文明是对人的一种态度，有礼有节、春风化雨、以理服人、以礼待人。文明执法就是要仪容严整、言行文明、举止得当，做一个不怒而威的执法者，不仅能够使群众感受到法律的尊严和权威，更能取得群众的支持和理解，达到以文明形象取信于民的执法效果。法治实践中，文明执法就是要改进执法方式方法，坚决纠正简单、粗暴执法的问题，坚持以人为本，体现人文关怀，尊重保障人权。文明执法就是要加强职业道德建设，消除特权思想，做到举止规范、态度和气、用语文明、热情服务。执法人员必须以文明的态度，秉承职业操守，使我们的执法工作最大限度地合乎法理和情理，体现人情味，展现法治美。

严格、规范、公正、文明执法是党中央和广大人民群众对行政机关执法的根本要求。严格、公正、文明作为执法活动的最高标准，也是社会发展的必然要求。提高行政机关执法水平，转变执法观念，自觉做到严格、规范、公正、文明执法，是行政机关的首要任务。

1. 强化服务意识，严格执法，维护法律尊严。 做好新形势下行政执法工作必然要求我们严格规范公正文明执法，以为人民服务为宗旨，坚持执法无小事，细节系大局，要把严格规范公正文明执法贯穿到执法办案全过程，坚持以法为据，以理服人，牢固树立以为人民服务为宗旨的服务意识，要从大局出发，从长远着眼，执法想到稳定，办案想到发展，切实做到依法办案与服务发展相统一；要针对当前执法活动容易发生问题的环节，进一步细化各类执法标准，严密执法程序，规范执法行为，切实从源头上减少和杜绝执法的随意性，推动各项执法业务工作和经济社会全面发展。

2. **强化法治意识，规范执法，全面促进执法规范化**。执法规范化是执法质量的保证，执法质量是行政机关的生命线，而执法质量的高低取决于执法行为的规范与否。因此，加强行政机关执法规范化建设，大力规范执法行为，提高执法质量，是当前行政机关的一项重要任务。这就要求我们在行政执法中，必须做到程序与实体并重，只有程序规范，才能保证实体合法。只有将全部行政执法活动纳入规范化，以法为据、以理服人、以情感人，规范执法语言和动作，有效避免有法不依、执法不严，甚至违反程序、不作为、乱作为，唯有如此，才能真正做到执法为民。

3. **强化人权意识，文明执法，尊重和保障人权**。文明执法，热情服务，营造和谐的人际关系，是时代的主旋律，是公正执法的根本。文明执法就是要改进执法方式方法，坚决纠正简单、粗暴执法的问题，用群众信服的方式执法，使人民群众感受到法律的尊严和权威，使执法工作获得理解和支持，在执法中展现行政执法人员的良好素质，牢固树立服务意识，切实转变服务态度，大力提高服务和执法质量，坚持以人为本，体现人文关怀，尊重保障人权。做到语言不粗俗、行为不粗暴、态度不蛮横，动之以情，晓之以理，尽可能融法、理、情于一体，将执法与群众关系的矛盾向有利方向转化，赢得群众的理解和支持，使执法真正达到法律效果、社会效果和政治效果的有机统一。①

第三节　全面推进公正司法

法治具有许多价值，自由、平等、效率、秩序等都是法治追求的目标。在诸多的法治价值之中，正义可以称为最重要的一个。自从法治产生之后，就与正义具有一种密不可分的关系，在一定程度上，正义几乎成了法治的代名词。在中国法治文化中，作为裁判神兽的獬豸本身就是正义的象征。在西方法治文

---

① 解永照、秦强：《行政执法文明论》，《山东社会科学》2011年第3期。

化中，一提到法治，人们首先想到的就是眼蒙黑布，右手握一利剑，左手拿一天平的正义女神。眼蒙黑布表示她不会受假象所迷惑而只服从自己的理性判断，利剑代表着法律的威严与制裁，天平意味着公平与公正。从语言学上加以考察，西方世界的法、法官、法院、司法等词语与正义具有同一个词根或本身就是同一个词汇。尽管有的时候，人们对正义的界定是互不相同甚至相互冲突的，但是这并不妨碍人们在理念上对正义的追求与向往。由此可见，正义是法律最重要的属性，是法律的灵魂和生命，离开了正义的法律，不仅起不到保障权利、维护秩序的作用，反而会成为压迫人权的工具。按照自然法学说的"恶法非法"的观点，背离了正义原则的法律已不再是法了，虽然具有法律的形式，但从实质上说已经不再具有法律的资格。因而，古罗马著名法学家杰尔苏才说："法学乃善良公正之术。"这里的善良公正也即正义的意思。

"法学乃善良公正之术"正确揭示了法治与正义的密不可分的关系，为我们评价法律的良善提供了一个内在的标准。自从亚里士多德首先提出法治乃良法和守法的结合之后，法学界在对善法恶法的认定问题上一直存在着争议。一些分析实证主义法学者认为法律存在不存在是一回事，法律是不是良善是另一回事，我们不能因为法律不是良善之法就认为它不是法律，正如同不能认为坏人做了坏事就不再是人一样，因而主张坏的法律仍然是法律。虽然这种观点有一定的道理，但是从历史上来看，这种"恶法亦法"的主张并不是西方法学的主流。事实上，在西方法学发展的历史上，对正义的追求一直是法学发展的主线。作为西方法学正统思想的自然法学说就因其对正义的强调和偏爱而被称为正义法。早在古希腊时期，斯多葛学派就主张法律是通行的不可改变的正义的体现，在古罗马时期，经过西塞罗的大力宣扬，自然法思想成为占主导地位的法律思想。西塞罗认为，制定法必须符合自然法而不能违背正义原则，否则便不是真正的法律，不再具有法律的约束力。著名的《法学阶梯》则认为："法学是对神和人的事务的认识，是正义和不正义的科学"，为法与正义的关系提供了法律上的证明和依据。"古往今来的自然法传统都倾向于这样一种立场，即一个完全丧失或基本丧失正义的规范制度不配称为'法律'。"西方的这种

"法学乃正义之学"的思想经过古典自然法学家们的论证和阐释，一直沿袭至今，直到现在仍然是我们制定法律的重要参考和渊源，发挥着巨大的作用。

正义不仅是法律的内在的品性，还是法律实施的目的。法律的价值并不仅仅体现在它对正义理念的揭示上，更重要的是法律本身还是实现正义的手段，法的最主要价值在于实现正义。作为一种抽象的原则，正义不能成为人们日常行为的直接依据，它必须借助于一定的外在形式从而可以一种客观的可遵循的方式而为人们服从。正义的表现形式可以有许多种，道德、习惯、权力都可以成为正义的载体。而法律作为一种普遍适用的行为规则则是正义的最佳表现形式，正义只有通过法律才能得到更好的实现。法对正义的实现作用主要体现在：第一，通过立法确保分配上的正义。立法是法律运行的首要环节，也是确保正义实现的关键。通过法律的形式将社会的各种利益和权利资源，以一种较为公正的方式加以分配并确定下来，并形成制度性的规定，从而达到正义的要求。权利分配是实现正义的前提，无法想象一个权利义务分配严重失衡的社会会是一个正义的社会。第二，通过司法实现社会正义。权利确定以后并不能永远保持正义状态，通常外界的不法侵害会使正义受到破坏，在这种情况下，通过司法对违法犯罪行为加以制裁，通过补偿或赔偿的形式对受侵害的利益加以弥补便是正义的必然要求。

司法制度是政治制度的重要组成部分，司法公正是社会公正的重要保障。新中国成立特别是改革开放以来，中国坚持从国情出发，在承继中国传统法律文化优秀成果、借鉴人类法治文明的基础上，探索建立并不断完善中国特色社会主义司法制度，维护了社会公正，为人类法治文明作出了重要贡献。中国的司法制度总体上与社会主义初级阶段的基本国情相适应，符合人民民主专政的国体和人民代表大会制度的政体。同时，随着改革开放的不断深入特别是社会主义市场经济的发展、依法治国基本方略的全面落实和民众司法需求的日益增长，中国司法制度迫切需要改革、完善和发展。

习近平总书记指出，改革是由问题倒逼而产生，又在不断解决问题中而深化。司法体制改革同样如此。早在20世纪80年代，中国就开始了以强化庭审功能、扩大审判公开、加强律师辩护、建设职业化法官和检察官队伍等为重点内容的审判方式改革和司法职业化改革。党的十六大提出，"推进司法体制改革"。从2004年开始，中国启动了统一规划部署和组织实施的大规模司法改革，从民众反映强烈的突出问题和影响司法公正的关键环节入手，按照公正司法和严格执法的要求，从司法规律和特点出发，完善司法机关的机构设置、职权划分和管理制度，健全权责明确、相互配合、相互制约、高效运行的司法体制。中国司法改革走向整体统筹、有序推进的阶段。党的十七大提出了"深化司法体制改革"的工作目标。从2008年开始，中国启动了新一轮司法改革，司法改革进入重点深化、系统推进的新阶段。改革从民众司法需求出发，以维护人民共同利益为根本，以促进社会和谐为主线，以加强权力监督制约为重点，抓住影响司法公正、制约司法能力的关键环节，解决体制性、机制性、保障性障碍，从优化司法职权配置、落实宽严相济刑事政策、加强司法队伍建设、加强司法经费保障四个方面提出具体改革任务。党的十八大提出，"进一步深化司法体制改革"。习近平总书记在党的十八届三中全会上明确指出，司法体制是政治体制的重要组成部分，深化司法体制改革是全面深化改革的重点之一。《中共中央关于全面深化改革若干重大问题的决定》将司法体制改革置于全面深化改革的全局，对司法体制改革作出新的部署，也是我们党历史上第一次将司法体制改革写入全会《决定》。党的十九大提出，"深化司法体制综合配套改革，全面落实司法责任制，努力让人民群众在每一个司法案件中感受到公平正义"。党的二十大进一步提出，公正司法是维护社会公平正义的最后一道防线。深化司法体制综合配套改革，全面准确落实司法责任制，加快建设公正高效权威的社会主义司法制度，努力让人民群众在每一个司法案件中感受到公平正义。

全面深化司法改革，是全面深化改革、全面依法治国的重要组成部分，对完善中国特色社会主义司法制度具有重大意义。党的十八大以来，以习近平同志为核心的党中央高度重视司法改革。习近平总书记多次作出重要指示，为深化司法改革指明了前进方向，为人民法院推进司法改革提供了根本遵循。依法保障全体公民享有广泛的权利，努力维护最广大人民根本利益，保障人民群众对美好生活的向往和追求，是社会主义法治建设的根本追求。习近平总书记提出，要"努力让人民群众在每一个司法案件中都感受到公平正义"，这是司法机关的工作目标，也是进行司法体制改革的根本遵循和目标。①

1. **坚持公正司法、阳光司法、司法为民**。司法是维护社会公平正义的最后一道防线，推进依法治国，必须坚持公正司法。习近平总书记指出，所谓公正司法，就是受到侵害的权利一定会得到保护和救济，违法犯罪活动一定要受到制裁和惩罚。如果人民群众通过司法程序不能保证自己的合法权利，那司法就没有公信力，人民群众也不会相信司法。阳光是最好的防腐剂。司法越公开，就越有权威和公信力。要坚持以公开促公正、以透明保廉洁；要增强主动公开、主动接受监督的意识，完善机制、创新方式、畅通渠道，依法及时全面公开执法司法活动；对公众关注的案件，要提高透明度，让暗箱操作没有空间，让司法腐败无法藏身。司法工作也是群众工作，社会主义司法必须坚持司法为民，不断改进司法工作作风。司法工作者要通过热情服务，切实解决好老百姓打官司难的问题；要加大对困难群众的法律援助，加快解决有些地方没有律师和欠发达地区律师资源不足的问题。深化司法体制改革，一个重要目的是提高司法公信力。要从确保依法独立公正行使审判权检察权、健全司法权力运行机制、完善人权司法保障制度三个方面，着力解决影响司法公正、制约司法能力的深层次问题，破解体制性、机制性、保障性障碍。

2. **反对司法腐败，规范司法人员行为**。权钱交易、花钱捞人、花钱买命等司法腐败行为对人民司法形象和公信力影响恶劣，社会主义法治建设必须旗帜鲜明地反对司法腐败，政法战线必须打赢反对司法腐败攻坚战。在2014年1月7日的中央政法工作会议上，习近平总书记深刻指出："政法机关和法治工作队伍中的腐败现象，不仅仅是一个利益问题，很多都涉及人权、人命。有的人搞了腐败，自己得了一些好处，但无辜的人就要有牢狱之灾，甚至要脑袋落地。看到这样的现象，群众心里当然就会有个问号，这还是共产党的天下

---

① 习近平：《论坚持全面依法治国》，中央文献出版社2020年版，第147页。

吗？！我们一定要警醒起来，以最坚决的意志、最坚决的行动扫除政法领域的腐败现象。"[1] 司法人员对司法公正至为重要，西方有句法谚说，法官是法律世界的国王。必须加强对司法人员行为规范，除了要管住八小时内，还要规范他们八小时之外的行为。世界上很多国家都对司法人员与律师、当事人会见等作了严格的规范，严禁律师和法官私下会见，不能共同出入酒店、娱乐场所甚至同乘一部电梯。但在我国，一段时期内司法人员充当"司法掮客"现象屡禁不止。对此，需要严格规范司法人员行为，在执法办案各个环节都要设置隔离墙、高压线，谁违反制度就要给谁严厉的处罚，终身禁止从事法律职业，构成犯罪的要依法追究刑事责任。

3. 在改革中不断发展和完善司法制度。深化司法体制改革，推进公正司法，要以优化司法职权配置为重点，健全公检法等机关分工负责、相互配合、相互制约的制度安排，规范司法行为，加大公开力度，回应人民群众对司法公正公开的关注和期待，积极推动党的十八届四中全会提出的建立省级以下法院和检察院人财物统管制度、最高人民法院设立巡回法庭、探索设立跨行政区划的人民法院及人民检察院、探索建立检察机关提起公益诉讼制度、推进以审判为中心的诉讼制度改革等多项司法体制改革具有四梁八柱性质的重大改革举措。

4. 推动扫黑除恶专项斗争成果向纵深发展。这里的"黑"是指黑社会性质的组织，"恶"是指恶势力和恶势力犯罪集团。通过公安机关查处的案例可以看出，黑恶势力大多发生在基层、发生在群众身边，群众是直接受害者，对涉黑涉恶犯罪也最痛恨。比如，采取"霸选""骗选""贿选"等手段操纵破坏农村基层换届选举、把持基层政权；在村内搞"小山头"，阻碍村民集体决议；非法承包、开发农田林地矿产等集体资源，贪污、侵吞村集体资产；利用家族宗族势力横行乡里、称霸一方、欺压百姓；在征地拆迁、工程项目建设等过程中煽动群众闹事，以维权的名义组织非法上访、闹访、缠访甚至聚众斗殴；在村集体项目建设中强揽工程、恶意竞标、强买强卖、哄抬价格、阻挠施工等

---

[1] 中共中央文献研究室：《习近平关于全面依法治国论述摘编》，中央文献出版社2015年版，第76页。

行为，在基层并不少见，严重蚕食群众的安全感、幸福感和获得感。2019年，全国共立案查处涉黑涉恶腐败和"保护伞"问题3.8万件，给予党纪政务处分3.2万人，涉嫌犯罪移送检察机关4900余人。中纪委十九届四次全会也明确提出，要深挖彻查涉黑涉恶腐败和"保护伞"问题。要把扫黑除恶同基层"拍蝇"结合起来，加强与政法机关协同配合，制定破解"保护伞"查办难题相关政策，对移交问题线索全面摸排、重点督办，对重大复杂案件同步立案、同步调查，查处涉黑涉恶案件背后的责任问题、腐败问题，坚决"打伞破网"，在打防并举、标本兼治上下功夫，确保取得实效、长效。①

第四节 全面推进全民守法

全面依法治国是一个系统工程，是国家治理领域一场广泛而深刻的革命，法治社会建设，必须加强宪法法律宣传，弘扬社会主义法治精神，传播法治理念，恪守法治原则，注重对法治理念、法治思维的培育，充分发挥法治文化的引领、熏陶作用，形成守法光荣、违法可耻的社会氛围，大力推进全民尊法守法用法信法。②

党的二十大提出，建设覆盖城乡的现代公共法律服务体系，深入开展法治宣传教育，增强全民法治观念。推进多层次多领域依法治理，提升社会治理法治化水平。发挥领导干部示范带头作用，努力使尊法学法守法用法在全社会蔚然成风。全民宪法意识和法治观念是法治建设的重要社会基础，必须加强法治教育和宣传，增强全民宪法意识、法治观念。要加强宪法法律宣传教育，提高全体人民特别是各级领导干部和国家机关工作人员的宪法意识和法治观念，弘扬社会主义法治精神，努力培育社会主义法治文化，在全社会形成良好的法治氛围。习近平总书记指出，人民权益要靠法律保障，法律权威要靠人民维护。

---

① 习近平：《论坚持全面依法治国》，中央文献出版社2020年版，第248页。
② 《中共中央印发 法治社会建设实施纲要（2020—2025年）》，《人民日报》2020年12月08日。

要充分调动人民群众投身依法治国实践的积极性和主动性，使全体人民都成为社会主义法治的忠实崇尚者、自觉遵守者、坚定捍卫者，使尊法、信法、守法、用法、护法成为全体人民的共同追求。全面推进依法治国需要全社会共同参与，需要全社会法治观念增强，必须在全社会弘扬社会主义法治精神，建设社会主义法治文化。要在全社会树立法律权威，使人民认识到法律既是保障自身权利的有力武器，也是必须遵守的行为规范，培育社会成员办事依法、遇事找法、解决问题靠法的良好环境，自觉抵制违法行为，自觉维护法治权威。①

深化法治宣传教育，增强全社会尊法学法守法用法意识，为法治体系的构建提供良好的社会氛围。社会主义法治体系的建设，离不开人们法律意识的与时俱进，从某种意义上来说，社会主义法治体系能否顺利构建，在很大程度上取决于人们的价值观念、行为模式、思维方式和情感意向与法治进程是否相互协调。公民法律意识的增强有利于人们更好地认识法律、理解法治的内涵，从而促进中国特色社会主义法治体系的形成。法治宣传教育是社会主义法治理念教育的主阵地和重要平台。因而法治宣传教育是提高全社会法律意识的主要途径。首先，在公民中广泛开展法律知识和法治理念教育，增强公民意识和法治观念，树立社会主义法治理念。这要求不仅仅是在全社会普及法律知识，更主要的是着力提升公民的法律观念和用法意识，进一步强化全体公民的宪法意识，增强公民的权利义务观念，加强民主、选举、人权、法治的宣传，以此提升公民理性有序参政议政的自觉性。其次，加强对公职人员的法治宣传和社会主义法治理念教育，增强公职人员的人权保护意识和依法行政、依法执政观念。党的二十大报告强调了领导干部的守法意识、运用法治思维和法治方式解决问题的能力，对于全民守法具有重要的示范和引领作用。因此，仍要继续坚持和完善集体学法、任前法律知识考核、法律知识年度考核等制度，推进公职人员法治教育制度化、规范化，加强对执法人员的法治理念教育，增强人权意识和程序观念。

---

① 习近平：《加快建设社会主义法治国家》，《求是》2015年第1期。

增强公民法治意识首先要增强公民宪法意识。1982年12月4日，第五届全国人民代表大会第五次会议通过了现行的《中华人民共和国宪法》。现行宪法是对1954年制定的新中国第一部宪法的继承和发展。宪法是国家的根本法，是治国安邦的总章程，具有最高的法律地位、法律权威、法律效力。全面贯彻实施宪法，是全面推进依法治国、建设社会主义法治国家的首要任务和基础性工作。全国各族人民、一切国家机关和武装力量、各政党和各社会团体、各企事业组织，都必须以宪法为根本的活动准则，并且负有维护宪法尊严、保证宪法实施的职责。任何组织或者个人都不得有超越宪法和法律的特权，一切违反宪法和法律的行为都必须予以追究。为了增强全社会的宪法意识，弘扬宪法精神，加强宪法实施，全面推进依法治国，2014年11月1日，第十二届全国人民代表大会常务委员会第十一次会议决定：将12月4日设立为国家宪法日。国家通过多种形式开展宪法宣传教育活动。习近平总书记在首个宪法日来临之际作出重要批示，"要以设立国家宪法日为契机，深入开展宪法宣传教育，大力弘扬宪法精神，切实增强宪法意识，推动全面贯彻实施宪法，更好发挥宪法在全面建成小康社会、全面深化改革、全面推进依法治国中的重大作用"。宪法是国家的根本大法，具有最高的法律效力，在社会主义法律体系中处于核心的地位。一切法律都是依据宪法制定的，宪法是母法。一切法律、行政法规、地方性法规都不得同宪法相抵触。维护法制的权威，首先是维护宪法的权威。宪法日的确定更是党和国家对依法治国的坚强决心。宪法序言明确规定："全国各族人民、一切国家机关和武装力量、各政党和各社会团体、各企业事业组织，都必须以宪法为根本的活动准则，并且负有维护宪法尊严、保证宪法实施的职责。"因此，依法治国，首先必须严格遵守和执行宪法，树立和维护宪法的权威，保证宪法的贯彻实施，做到依宪治国。

卢梭说过，一切法律中最重要的法律，既不是刻在大理石上，也不是刻在铜表上，而是铭刻在公民的内心里。习近平总书记深刻指出，"法律要发挥作用,需要全社会信仰法律"①,要注重培育人民的法律信仰、法治观念、规则意识,引导人们自觉履行法定义务、社会责任、家庭责任,营造全社会都讲法治、守法治的文化环境。

全民守法是法治社会建设的重要前提。全面依法治国需要全社会共同参与,必须大力弘扬社会主义法治精神,建设社会主义法治文化,引导全体人民做社会主义法治的忠实崇尚者、自觉遵守者、坚定捍卫者。全面推进依法治国,必须坚持全民守法。全民守法,就是任何组织或者个人都必须在宪法和法律范围内活动,任何公民、社会组织和国家机关都要以宪法和法律为行为准则,依照宪法和法律行使权利或权力、履行义务或职责,在全社会形成守法光荣、违法可耻的社会氛围,使守法成为全体人民共同追求和自觉行动。人民群众是法治建设的主体,社会主义法治建设必须坚持和尊重人民的主体地位,法治社会建设需要全社会共同参与,共同推进。推进全面依法治国需要全社会共同参与,必须在全社会弘扬社会主义法治精神,在全社会树立法律权威,培育社会成员办事依法、遇事找法、解决问题靠法的良好环境,自觉抵制违法行为,自觉维护法治权威。

---

① 习近平:《论坚持全面依法治国》,中央文献出版社2020年版,第50页。

第九讲　坚持统筹推进国内法治和涉外法治

中国是世界的中国，中国的发展离不开世界。全面推进依法治国要加快涉外法治工作战略布局，协调推进国内治理和国际治理，更好维护国家主权、安全、发展利益。要强化法治思维，运用法治方式，有效应对挑战、防范风险，综合利用立法、执法、司法等手段开展斗争，坚决维护国家主权、尊严和核心利益。要推动全球治理变革，推动构建人类命运共同体。

第一节　协调推进国内治理和国际治理

协调推进国内治理和国际治理，统筹推进国内法治和涉外法治，深入推进全面依法治国，是解决党和国家事业发展面临的各种突出矛盾和问题的紧迫需要。改革开放 40 多年来，我国经济社会发生了翻天覆地的变化，我国一跃成为世界第二大经济体，综合国力大增，人民生活水平不断提高，尤其是党的十八大以来，在以习近平同志为核心的党中央坚强领导下，党和国家事业发生历史性变革，我国发展站到了新的历史起点上，中国特色社会主义进入了新的发展阶段。

法治是最好的营商环境。[1] 改革开放 40 多年来，国家治理的最大成效之一是推动国家从人治走向法治。我国有着数千年的封建历史传统，人治传统源远流长，长官意志根深蒂固，加强法治建设、坚定走依法治国道路、建设社会

---

[1]　习近平：《论坚持全面依法治国》，中央文献出版社 2020 年版，第 254 页。

主义法治国家，这是巨大的历史进步。在党的十四大明确建立社会主义市场经济体制改革目标后，依法治国的要求更加迫切，因为市场经济必须是法治经济。正是顺应这一历史发展潮流，党的十五大把依法治国、建设社会主义法治国家作为党领导人民治理国家的基本方略郑重地提了出来，并把"建设社会主义法制国家"的提法改为"建设社会主义法治国家"，极其鲜明地突出了法治的理念。1999年3月，全国人大对宪法进行了修改，明确规定："中华人民共和国实行依法治国，建设社会主义法治国家。"2012年党的十八大进一步强调，依法治国是党领导人民治理国家的基本方略，法治是治国理政的基本方式，要更加注重发挥法治在国家治理和社会管理中的作用，全面推进依法治国，加快建设社会主义法治国家。党的十八届三中全会提出，"建设法治中国必须坚持依法治国、依法执政、依法行政共同推进，坚持法治国家、法治政府、法治社会一体建设"。建设社会主义法治国家，能够从根本上杜绝政治混乱、社会动荡，进而保障经济社会在稳定的环境下顺利发展。法治是现代市场经济有机体的重要组成部分，市场经济本质是法治经济。市场主体的微观交易行为，比如商业谈判、签订契约、解决纠纷等，无不需要法治的规范。市场交易遵循成熟的法律制度，纠纷能在良善的司法体系中获得合理解决，市场主体就会产生稳定的预期，就会大大降低交易成本，市场经济的活力就会进一步释放。改革开放推动我国全面走向法治社会，必将进一步增强经济发展的活力。我们应清醒地看到建设社会主义法治国家的任务非常繁重而艰巨，党的十八届四中全会通过了《中共中央关于全面推进依法治国若干重大问题的决定》，对全面推进依法治国作出重大部署，强调把法治作为治国理政的基本方式，这体现了党和国家对法治前所未有的重视和推动。

　　进入新时代之后，全面深化改革进入攻坚期和深水区，国际形势复杂多变，我们党面对的改革发展稳定任务之重前所未有、矛盾风险挑战之多前所未有，依法治国在党和国家工作全局中的地位更加突出、作用更加重大。面对新形势新任务，我们党要更好统筹国内国际两个大局，更好维护和运用我国发展的重要战略机遇期，更好统筹社会力量、平衡社会利益、调节社会关系、规范社会行为，使我国社会在深刻变革中既生机勃勃又井然有序，实现经济发展、政治清明、文化昌盛、社会公正、生态良好，实现我国和平发展的战略目标，必须更好发挥法治的引领和规范作用。因此，坚持统筹推进国内法治和涉外法治是解决改革发展稳定困境和难题的需要。

随着我国改革开放水平进一步提升，中国经济不仅仅局限于引进来，更拓展到了走出去的高度，"一带一路"倡议的提出、亚投行的设立、G20峰会的召开都表明，中国在国际经贸体系中的地位越来越突出。在全球经济衰退、各国贸易保护主义抬头的情况下，中国已经逐渐成为全球化的领军者、推动者，这在40多年前是不可想象的。改革推动了开放，开放也在倒逼改革。以加入世界贸易组织为例，为使国内经济制度与国际贸易规则接轨，中央政府部门清理各种法律法规和部门规章2300多件，地方政府共清理地方性政策和法规19万多件，使涉外经济法律法规与加入世贸组织承诺相一致。一些长期难以突破的顽疾在这个过程中被顺利克服，社会主义市场经济因而得到进一步完善，经济社会迸发出更大活力。在看到全球一体化发展趋势的同时，我们也要看到，当前党和国家事业发展面临的问题和挑战也异常严峻，面临的世情国情也异常复杂。从国际范围看，世界多极化、经济全球化、文化多样化、社会信息化深度发展。2008年国际金融危机爆发以来，全球经济受到重创，普遍增长动力不足，贸易和投资持续低迷。经济全球化出现逆风，贸易保护主义抬头，民粹主义、孤立主义盛行。地区热点不断动荡发酵，恐怖主义蔓延肆虐。贫富悬殊问题更加凸显，南北差距不断扩大，难民、移民、生态环境问题等成为困扰许多国家的难题。与此同时，新一轮科技革命和产业变革正在孕育，各国利益深度融合，和平、发展、合作、共赢成为时代的潮流。从国内范围看，我国经济发展处于"增长速度换挡期、结构调整阵痛期、前期刺激政策消化期"同时集中出现"三期叠加"时期，经济发展进入新常态，在经济发展基本面比较好的同时，也出现了发展不平衡、不协调、不可持续的问题。经济结构需要优化升级，发展动力需要创新驱动，对外开放需要提升水平，社会建设中的短板需要补齐。

习近平总书记指出,"全面推进依法治国也是解决我们在发展中面临的一系列重大问题,解放和增强社会活力、促进社会公平正义、维护社会和谐稳定、确保国家长治久安的根本要求"①。同党和国家事业发展要求相比,同人民群众期待相比,同推进国家治理体系和治理能力现代化目标相比,法治建设还存在许多不适应、不符合的问题,主要表现为:有的法律法规未能全面反映客观规律和人民意愿,针对性、可操作性不强,立法工作中部门化倾向、争权诿责现象较为突出;有法不依、执法不严、违法不究现象比较严重,执法体制权责脱节、多头执法、选择性执法现象仍然存在,执法司法不规范、不严格、不透明、不文明现象较为突出,群众对执法司法不公和腐败问题反映强烈;部分社会成员尊法信法守法用法、依法维权意识不强,一些国家工作人员特别是领导干部依法办事观念不强、能力不足,知法犯法、以言代法、以权压法、徇私枉法现象依然存在。这些问题,违背社会主义法治原则,损害人民群众利益,妨碍党和国家事业发展,必须下大气力加以解决。要破解改革发展稳定的这些难题和风险,推动我国经济社会持续健康发展,不断开拓中国特色社会主义事业更加广阔的发展前景,就必须全面推进法治国家建设,从法治上为解决这些问题提供制度化方案。

当前,我们对内面临着中华民族伟大复兴的战略全局,对外面临着世界百年未有之大变局,这"两个大局"是党中央作出的全局性的重大战略判断,也是我们谋划工作的基本出发点。习近平总书记站在人类历史发展进程的高度,以宏大的全球视野、强烈的时代意识,统筹推进国内法治和涉外法治,协调推进国内治理和国际治理,提出构建人类命运共同体、运用法治和制度规则协调各国关系和利益、坚定维护国际法基本原则和国际关系基本准则、推动全球治理体系朝着更加公平合理的方向发展等一系列重大理论观点。这既是对世界面临的重大问题的科学回答,也是对历史发展规律的深度把握;既有鲜明的实践合理性,又有巨大的理论创造性。这些重大思想,得到了大多数国家的广泛认

---

① 中共中央文献研究室:《习近平关于全面依法治国论述摘编》,中央文献出版社2015年版,第3—4页。

同。习近平法治思想为应对各种全球性挑战、推进世界法治文明进步贡献了中国方案、中国智慧。①

第二节　强化法治思维应对挑战、防范风险

坚持统筹推进国内法治和涉外法治，以法治思维和法治方式维护国内社会大局稳定、维护国家政治安全是法治建设的基本任务。中国的发展需要一个稳定的社会环境，稳定是根本大局，要树立稳定大局意识不动摇，理直气壮地维护社会政治稳定大局。同时，中国的发展离不开世界，社会主义现代化建设必须要有一个良好的外部环境。因此，社会主义法治建设必须要统筹国内国际两个大局，一方面要以法治思维和方式维护国内稳定，另一方面也要运用法治方式维护国家主权、安全、发展利益。

从国内法治任务来看，维护社会大局稳定，是全面依法治国的基础前提和重要目标。其一，社会大局稳定是全面依法治国的基础和前提。中国要聚精会神搞建设，需要两个基本条件，一个是和谐稳定的国内环境，另一个是和平安宁的国际环境。没有稳定的社会环境，包括法治建设在内的全部现代化建设都是无法进行的。其二，社会大局稳定是全面依法治国的价值追求和重要目标。秩序和安全是人们最基本的生存和发展需要，也是法治最基本的价值追求、内容和任务。社会稳定意味着秩序和安全。一方面，破坏稳定往往意味着破坏法治；另一方面，破坏法治就是破坏稳定，维护法治就是维护稳定。侵害百姓权利就是破坏稳定，维护百姓权利就是维护稳定。因此，习近平总书记强调："我们必须认认真真讲法治、老老实实抓法治。各级领导干部要对法律怀有敬畏之心，带头依法办事，带头遵守法律，不断提高运用法治思维和法治方式深化改革、推动发展、化解矛盾、维护稳定能力。如果在抓法治建设上喊口号、练虚

---

① 郭声琨：《深入学习宣传贯彻习近平法治思想　奋力开创全面依法治国新局面》，《人民日报》2020年12月21日。

功、摆花架，只是叶公好龙，并不真抓实干，短时间内可能看不出什么大的危害，一旦问题到了积重难返的地步，后果就是灾难性的。"① 其三，法治是社会稳定的保障。法治是长治久安的根本之道。真正实现社会和谐稳定、国家长治久安，还是要靠制度、靠法治。习近平总书记强调："我们面对的改革发展稳定任务之重前所未有，矛盾风险挑战之多前所未有，依法治国地位更加突出、作用更加重大。我们必须坚定不移贯彻依法治国基本方略和依法执政基本方式，坚定不移领导人民建设社会主义法治国家。"②

应当看到，在维护社会大局稳定的实践中，确实存在一些错误的倾向。如有的奉行"搞定就是稳定，摆平就是水平，无事就是本事"的庸俗稳定观，小事拖大，大事拖炸；有的"以人民币解决人民内部矛盾"，采取金钱购买的办法，追求短期稳定，陷入"大闹大解决，小闹小解决，不闹不解决"的怪圈；有的不是想办法去解决人民群众提出的问题，而是想方设法去解决提出问题的人民群众；有的采取简单粗暴地压制的办法，不惜代价投入巨大的人力、物力、财力，追求表面稳定，个别地方甚至存在与黑社会勾结、设立"黑监狱"的极端做法，但结果"越维越不稳"。这些错误倾向和做法治标不治本，不仅没有带来稳定，反而增加了社会的不稳定因素，并造成极坏的社会影响。究其根源，在于为稳定而稳定，在于片面的刚性的稳定观。因此，必须树立正确的稳定观，正确认识和处理维权和维稳的关系。

维权是维稳的基础，维稳的实质是维权。准确判断当前社会矛盾和社会冲突的性质是正确处理维权和维稳关系的前提和基础。近年来社会矛盾和社会冲突不断增加，但是这些矛盾冲突主要是由利益引发的，属于根本利益一致基础上的人民内部矛盾，是非对抗性的利益矛盾和利益冲突。因此，应当对社会矛盾和社会冲突，包括群体性事件"脱敏"，不能不加区分地将社会矛盾和冲突不恰当地政治化或意识形态化，而应当将更多的精力放在维护公民合法权益

---

① 习近平：《加快建设社会主义法治国家》，《求是》2015年第1期。
② 中共中央文献研究室：《习近平关于全面依法治国论述摘编》，中央文献出版社2015年版，第4页。

上。只有保障公民基本权利，才能从根本上确保社会稳定，保障公民基本权利是实现社会健康有序发展的基础。要切实改变一些地方存在的以维稳为理由，漠视公民诉求、损害公民权益的做法。

正确处理维权和维稳的关系，需要强化法律在化解矛盾中的权威地位，使群众由衷感到权益受到了公平对待、利益得到了有效维护。任何社会对社会矛盾和冲突的解决都需要一个终局机制，即一个"到此为止"的机制，在现代社会中，就是法律机制，就是终审判决。实践证明，无论是"花钱买平安"的经济机制，还是"围追堵截"的行政机制，都是行不通的。归根到底，这些机制和手段都是运动式的、个别化的处理方式，都是人治的方式，不仅无助于维护社会稳定，反而激励了一部分人对政府的"稳定绑架"。社会稳定的维护，必须纳入法治轨道，处理维权和维稳的关系，必须强化法律在化解社会矛盾中的权威地位。

从国外法治任务来看，强化法治思维、运用法治方式维护国家主权、尊严和核心利益，推动全球治理变革，推动构建人类命运共同体，是构建有利的国际环境的必然要求和迫切需要。外交乃"国之重器"，作为经济体量全球第二、在国际格局中地位举足轻重的大国和联合国安理会常任理事国，国防军事建设和外交、国际交往中，须臾离不开法治保障。面对国内国际新形势新情况，必须深化外交改革，为全面建设社会主义现代化国家争取良好的外部环境。随着我国外交步入大国外交阶段，外交工作对专业化、法治化特征越来越凸显，外交工作必须贯彻全面深化改革和全面依法治国的要求。

一方面，坚持统筹推进国内法治和涉外法治是我国深入参与国际事务的迫切需要。首先，随着我国对国际事务参与程度的空前加深，国际利益和国际责任的空前增长迫切要求我们更好综合运用国际国内两类规则。我国外交面临的一系列重点工作都对更好运用国际规则和国际法手段提出了迫切要求，如参与国际规则制定、国际组织改革，构建新的地区和国际秩序，尤其是实施自贸区战略，筹建金砖国家新开发银行、亚洲基础设施投资银行、运营丝路基金等都需要在对外交往中牢固树立法治思维和方法。其次，随着我国对外交往的持续深入，尤其是近年来我国企业和自然人海外诉讼数量的不断增长、一些别有用心的国家不断热炒南海岛礁争议问题，并悍然发动贸易战，如何运用国际法维护海洋、领土权益和国家安全，捍卫我国核心利益，维护我国公民、法人、侨胞在海外的权益，以及维护外国公民法人在我国权益、规范管理在华外国人和组织等问题日益突出。最后，加强国际司法合作，打击暴力恐怖势力、民族分裂势力、宗教极端势力等三股势力和极端犯罪，加强国际反腐合作，海外追赃追逃等，也需要法治思维，需要贯彻落实全面依法治国战略部署。

另一方面，坚持统筹推进国内法治和涉外法治是构建新的国际法体系的迫切需要。要落实全面依法治国战略，善于将中国合理权益、主张上升为新的国际法，将中国价值、法治观念、法律思想注入国际法体系。应当坚持运用法治思维和法治方式推进国际关系法制化，推进全球治理更加公平，推进全球治理规则民主化、法治化。2015年10月26日，习近平总书记在中共中央政治局第二十七次集体学习时强调，要推动变革全球治理体制中不公正不合理的安排，……推动各国在国际经济合作中权利平等、机会平等、规则平等，推进全球治理规则民主化、法治化，努力使全球治理体制更加平衡地反映大多数国家意愿和利益。"法者，天下之准绳也。"在国际社会中，法律应该是共同的准绳，没有只适用于他人、不适用于自己的法律，也没有只适用于自己、不适用于他人的法律。适用法律不能有双重标准。我们应该共同维护国际法和国际秩序的权威性和严肃性，各国都应该依法行使权利，反对歪曲国际法，反对以"法治"之名行侵害他国正当权益、破坏和平稳定之实。要推动各方在国际关系中遵守国际法和公认的国际关系基本原则，用统一适用的规则来明是非、促和平、谋发展。要坚持奉行法治，推动各方用国际法治思维解决人类共同命运体面临的问题和挑战。2015年11月29日至30日，国家主席习近平在与全球150多个国家领导人一起应邀出席气候变化巴黎大会开幕活动时，对未来全球治理模式和推动人类命运共同体建设提出了三点建议：我们应该创造一个各尽所能、合作共赢的未来；我们应该创造一个奉行法治、公平正义的未来；我们应该创造一个包容互鉴、共同发展的未来。面对气候问题等国际社会共同面临的难题，习近平主席指出，要推动各国尤其是发达国家多一点共享、多一点担当，实现互惠共赢；要确保国际规则的有效遵守和实施，坚持民主、平等、正义，建设国际法治，遵守共同但有区别的责任原则；要允许各国寻找最适合本国国情的应对之策。要坚持法治精神，构建公平正义的国际秩序。习近平主席2017年9月26日在出席国际刑警组织第86届全体大会开幕式并发表题为《坚持合作创新法治共赢　携手开展全球安全治理》的主旨演讲中指出，要改革完善全球治理体系，提升安全治理效能，着力推进社会治理系统化、科学化、智能化、法治化，增加安全治理的预见性、精准性、高效性。国与国之间开展执法安全合作，既要遵守两国各自的法律规定，又要确保国际法平等统一适用，不能搞双重标准，更不能合则用、不合则弃。要坚持和维护联合国宪章以及国际刑警组织章程，认真履行打击跨国犯罪公约和反腐败公约，不断完善相关国际规则，确保国际秩序公正合理、人类社会公平正义。

第三节　运用法治方式维护国家主权、安全、发展利益

党的十九大报告指出："国家安全是安邦定国的重要基石，维护国家安全是全国各族人民根本利益所在。"党的二十大报告进一步指出，国家安全是民族复兴的根基，社会稳定是国家强盛的前提。习近平总书记指出，发展中国特色社会主义是一项长期而艰巨的历史任务，必须准备进行具有许多新的历史特点的伟大斗争。当前和今后一个时期，我们在国际国内面临的矛盾风险挑战都不少，决不能掉以轻心。各种矛盾风险挑战源、各类矛盾风险挑战点是相互交织、相互作用的。如果防范不及、应对不力，就会传导、叠加、演变、升级，使小的矛盾风险挑战发展成大的矛盾风险挑战，局部的矛盾风险挑战发展成系统的矛盾风险挑战，国际上的矛盾风险挑战演变为国内的矛盾风险挑战，经济、社会、文化、生态领域的矛盾风险挑战转化为政治矛盾风险挑战，最终危及党的执政地位、危及国家安全。

2019年1月25日，习近平总书记在中央全面依法治国委员会第二次会议上专门指出，要加快涉外法治工作战略布局。我国日益走近世界舞台中央，我国企业和公民也越来越多走向世界。大国之间地缘竞争、科技和产业制高点竞争、贸易保护主义抬头等风险因素和不确定性持续加大。我国企业拓展海外利益遇到的阻力和挑战势必增大，跨国纠纷和法律问题也将更多更复杂。我们要甄别这些纠纷的性质，有理有利有节应对。有的西方国家以国内法名义对我国公民、法人实施所谓的"长臂管辖"，在国际规则上是站不住脚的，但他们执意这样做，我们必须综合运用政治、经济、外交、法治等多种手段加以应对。要把法治应对摆在更加突出位置，用规则说话，靠规则行事，维护我国政治安全、经济安全，维护我国企业和公民合法权益。面对新一轮对外开放，涉外法治工作必须加强战略布局，占领制高点，掌握主动权。司法、外交、商务、援外等部门要加强协调和配合，及时了解掌握最新情况，从法治上有效应对各种国际摩擦纠纷。针对西方国家打着"法治"幌子的霸权行径，要加强反制理论和实践研究，建立阻断机制，以法律的形式明确我国不接受任何国家的"长臂管辖"。要加快推进我国法域外适用的法律体系建设，为我国涉外执法、司法活动提供法律依据。①

应当看到，我们在维护国家安全方面面临的挑战十分严峻，法治建设要为做好党和国家各项事业营造良好法治环境，也要为我们维护国家主权、安全和利益提供法治保障。当前国际局势"东升西降"的趋势逐渐明朗，随着国际力量对比持续朝着于我有利的方向发展，美国等西方国家越来越感到如鲠在喉、如芒在背，加紧对我国实施西化、分化战略，两种社会制度、两种意识形态的较量更加激烈。比如，境外间谍情报机关对我国的渗透破坏活动全面加强，一些有敌对势力背景的非政府组织依然在我国加紧活动，千方百计向藏区、新疆等边疆地区、贫困地区、基层群众渗透，利用各种机会来同我们争夺群众。还有民族分裂势力和宗教极端势力策划发动的暴力恐怖案件不断上升，比如新疆

---

① 习近平：《论坚持全面依法治国》，中央文献出版社2020年版，第256—257页。

"7·5"事件、昆明"3·01"严重暴恐案。我们不能埋头于具体工作而忘记了面临的政治风险、面对的政治较量，否则就会犯下历史性错误。同时，互联网的发展也对国家安全提出了新的挑战，已经成为各国争夺的除领土、领海、领空之外的"第四空间"。有的美国政治家宣称，有了互联网，就有了对付中国的办法。美国前总统小布什也曾说过，如果因特网以在其他国家发展的那种方式进入中国，那么自由将迅速在那片土地上站稳脚跟。一些西方的政治分析家宣称，互联网将终结中国共产主义政权，他们视互联网为"中国和平演变的源泉"。美国的"棱镜门"事件暴露了美国不仅在监听所有美国人，也在监听全世界。

习近平总书记指出，当前我国国家安全内涵和外延比历史上任何时候都要丰富，时空领域比历史上任何时候都要宽广，内外因素比历史上任何时候都要复杂。① 面对传统安全和非传统安全交织的复杂环境，为了应对可以预见和不可预见的危机和风险，党的十八届三中全会决定设立国家安全委员会（2013年11月12日正式成立），统筹协调涉及国家安全的重大事项和重要工作。同时设立中央网络安全和信息化领导小组（2014年2月27日正式成立），将网络安全提高到国家安全的高度，保障网络安全、维护国家利益，因为"没有网络安全，就没有国家安全"。同样，国家安全也需要法治的保障。2015年7月1日，《中华人民共和国国家安全法》颁布实施。该法第3条明确规定："国家安全工作应当坚持总体国家安全观，以人民安全为宗旨，以政治安全为根本，以经济安全为基础，以军事、文化、社会安全为保障，以促进国际安全为依托，维护各领域国家安全，构建国家安全体系，走中国特色国家安全道路。"

《法治中国建设规划（2020—2025年）》专门强调，要加强涉外法治工作，适应高水平对外开放工作需要，完善涉外法律和规则体系，补齐短板，提高涉外工作法治化水平。积极参与国际规则制定，推动形成公正合理的国际规则体系。加快推进我国法域外适用的法律体系建设。围绕促进共建"一带一路"国

---

① 《习近平主持召开中央国家安全委员会第一次会议强调 坚持总体国家安全观 走中国特色国家安全道路》，《人民日报》2014年04月16日。

际合作，推进国际商事法庭建设与完善。推动我国仲裁机构与共建"一带一路"国家仲裁机构合作建立联合仲裁机制。强化涉外法律服务，维护我国公民、法人在海外及外国公民、法人在我国的正当权益。建立涉外工作法务制度。引导对外经贸合作企业加强合规管理，提高法律风险防范意识。建立健全域外法律查明机制。推进对外法治宣传，讲好中国法治故事。加强国际法研究和运用。加强多双边法治对话，推进对外法治交流。深化国际司法交流合作。完善我国司法协助体制机制，推进引渡、遣返犯罪嫌疑人和被判刑人移管等司法协助领域国际合作。积极参与执法安全国际合作，共同打击暴力恐怖势力、民族分裂势力、宗教极端势力和贩毒走私、跨国有组织犯罪。加强反腐败国际合作，加大海外追逃追赃、遣返引渡力度。①

坚持统筹推进国内法治和涉外法治，要坚决打击境内外敌对势力的渗透破坏活动，维护网络安全，确保社会政治稳定。国家安全是国家生存发展的重要保证，是维护国家主权的重要体现。党的十九大报告明确指出，必须坚持国家利益至上，以人民安全为宗旨，以政治安全为根本，统筹外部安全和内部安全、国土安全和国民安全、传统安全和非传统安全、自身安全和共同安全，完善国家安全制度体系，加强国家安全能力建设，坚决维护国家主权、安全、发展利益。党的二十大进一步提出，国家安全是民族复兴的根基，社会稳定是国家强盛的前提。必须坚定不移贯彻总体国家安全观，把维护国家安全贯穿党和国家工作各方面全过程，确保国家安全和社会稳定。因此，我们必须要坚持总体国家安全观，切实增强政权意识、国家安全意识，始终把维护国家政治安全、政权安全置于首位，切实增强政治敏锐性和政治鉴别力，善于从战略上把握大势、研判形势，善于从政治上观察问题、分析问题。坚决抵制敌对反华势力的意识形态渗透，依法打击境内外势力的捣乱破坏活动，维护国家的政治安全与政权安全；大力加强反分裂斗争，严厉打击暴力恐怖活动以及危害国家安全的各类犯罪活动，确保国家安全与社会稳定。与世界各国人民共享发展成果，共享安

---

① 《中共中央印发 法治中国建设规划（2020—2025年）》，《人民日报》2021年01月11日。

全保障；共同应对各种全球性的危机与挑战，变压力为动力、化危机为生机；走合作安全、集体安全、共同安全之路，共同缔造社会治理的良好的国际环境。维护网络和信息安全是各国维护国家安全的重要内容，建设网络强国是实现中国梦重要的一环。2014年2月27日，习近平总书记在中央网络安全和信息化领导小组第一次会议上发表讲话指出，没有网络安全就没有国家安全，没有信息化就没有现代化。在当今这个信息化和网络化的时代，信息与网络并存，网络安全的进程与国家安全的发展息息相关。于内而言，网络谣言的此起彼伏，就可能带来社会的动乱。面对网络信息安全的威胁和挑战，我们要坚持积极利用、科学发展、依法管理、确保安全的方针，加强互联网内容建设，建立网络综合治理体系，加大依法管理网络力度，加快完善互联网管理领导体制，确保国家网络和信息安全。积极参与深化打击整治网络有组织制造传播谣言等违法犯罪专项行动，依法惩治利用网络实施的造谣、敲诈勒索、诈骗等犯罪，切实维护网络社会安全。创新改进网上宣传，运用网络传播规律，弘扬主旋律，激发正能量，大力培育和践行社会主义核心价值观，做好网络的舆论宣传，把握好网上舆论引导的时、度、效，使网络空间清朗起来，共同维护好、捍卫住我们的网络安全。①

　　坚持统筹推进国内法治和涉外法治，要以人民群众平安需求为导向，健全公共安全体系。首先，要创新并完善打防管控一体化运作的立体化社会治安防控体系，努力解决人民群众反映强烈、影响社会和谐稳定、影响平安中国建设的突出问题，促进社会大局持续稳定。坚持打击和防范并举、治标和治本兼顾、重在治本的方针，深入推进社会治安综合治理。其次，要深入开展基层平安创建活动，严防严重刑事案件特别是命案发生，保障人民群众生命财产安全。在全国开展"平安社区"建设活动，做好安全防范知识宣传工作，提高群众的安全防范意识，做到群防群治、防患于未然，加强领导制度建设、做到责任到人，使社会治安工作落到实处，以实现社区环境的和谐稳定，人民生活的安定有

---

① 习近平：《论坚持全面依法治国》，中央文献出版社2020年版，第65页。

序。最后，要深入开展"平安企业"创建等活动，引导非公有制经济组织认真履行在平安中国建设中的社会责任。指导各地各有关企业单位组织开展"平安企业""平安市场"等基层平安创建活动，完善长效机制，进行社会组织监管信息平台建设、非公有制经济组织信用监管体系建设，开展安全生产、食品药品监管、环境保护、构建和谐劳动关系等工作。此外，坚持把"平安校园"建设作为维护学生安全和校园稳定的民生工程来抓，指导和推动各地各学校扎实推进平安校园建设。以顶层设计统筹平安校园建设，以服务型管理深化平安校园建设，以建设为导向推进平安校园建设，以长效机制巩固平安校园建设。最后，全面开展"平安公路""平安航道""平安车站""平安港口"等创建活动。

坚持统筹推进国内法治和涉外法治，要深入推进社会治安综合治理，坚决遏制严重刑事犯罪高发态势，保障人民生命财产安全。具体包括以下两点。第一，密切关注社会治安和公共安全出现的新情况，突出打击黑恶势力、严重暴力、涉枪涉爆涉恐、拐卖妇女儿童、危害食品药品安全、环境污染等严重危害人民群众生命健康的犯罪，切实提升人民群众安全感和满意度；依法打击和惩治黄赌毒黑拐骗等违法犯罪活动，保护人民人身权、财产权、人格权；不断探索打击犯罪新举措，要始终坚持严打方针不动摇，始终保持对犯罪活动的高压态势；要积极适应当前违法犯罪新形势新特点，更加注重打合成战、科技战、信息战，着力提升打击犯罪的能力和水平；针对影响群众安全感的涉黑涉恶、涉枪涉爆等严重暴力犯罪，要着力提升主动发现、主动打击能力；针对群众反映强烈的"两抢一盗"、食品药品安全等多发性犯罪，要坚持集中整治、重点治理；针对危害严重的团伙犯罪、组织犯罪，要坚决摧毁犯罪网络、斩断利益链条，着力提升攻坚破难、源头打击能力；要建立健全常态化打击整治机制，不断增强打击整治的针对性、实效性、科学性。第二，完善检察环节贯彻宽严相济刑事政策工作机制，把专项打击与整体防控、重点整治与完善机制结合起来，依法防范和惩治违法犯罪活动；坚持该严则严、当宽则宽，既震慑犯罪，又要促进和谐；对严重刑事犯罪必须坚持严打方针，敢于亮剑善于亮剑，努力做到对群众深恶痛绝的事"零容忍"、对群众急需急盼的事"零懈怠"，提升群众安全感和满意度,防止打击不力;对一般犯罪要运用好宽的一手,当宽则宽,最大限度减少社会对抗;探索轻微刑事案件快速办理路径,完善未成年人犯罪案件办案方式,深化刑事和解制度,加强和改进社区矫正法律监督,促进未成年和轻微犯罪人员改过自新、回归社会。

第十讲　坚持建设德才兼备的高素质法治工作队伍

办好中国的事情，关键在党，关键在人。全面推进依法治国要加强理想信念教育，深入开展社会主义核心价值观和社会主义法治理念教育，推进法治工作队伍革命化、正规化、专业化、职业化，确保做到忠于党、忠于国家、忠于人民、忠于法律。要教育引导法律服务工作者坚持正确政治方向，依法依规诚信执业，认真履行社会责任。

第一节　各级党组织和全体党员要带头尊法学法守法用法

党的十九大报告明确指出："全面依法治国是中国特色社会主义的本质要求和重要保障"，"各级党组织和全体党员要带头尊法学法守法用法，任何组织和个人都不得有超越宪法法律的特权，绝不允许以言代法、以权压法、逐利违法、徇私枉法"。党的二十大报告进一步提出，发挥领导干部示范带头作用，努力使尊法学法守法用法在全社会蔚然成风。这是新时代对于法治认识的进一步深化，也是新时代对法治的基本要求。领导干部作为"关键少数"，其对法治的态度以及自身的法治素养直接影响法治中国建设的效果。古人说，"以吏为师，以法为教"。各级党组织和领导干部尊不尊法、学不学法、守不守法、用不用法，人民群众看在眼里、记在心上，并且会在自己的行动中效法。领导干部尊法学法守法用法，老百姓就会去尊法学法守法用法。领导干部装腔作势、装模作样，老百姓就不可能信你那一套，正所谓"其身正，不令而行；其身不正，虽令不从"。党的十八大以来，中央和地方查处的那么多违法乱纪的干部，很多是长期不学法、不懂法。法律是行使权力的依据，只有把这个依据掌握住了，才能正确开展工作。各级领导干部都不能当法盲，尤其要弄明白法律规定什么事能干、什么事不能干，心中高悬法律的明镜，手中紧握法律的戒尺，知晓为官做事的尺度。

第一，尊法是前提。只有思想上尊崇法治，才能行动上遵守法律。现实工作中，一些党员干部特别是领导干部在看问题、作决策、采取措施的时候，往往缺乏法治思维。他们认为，只要是有利于经济社会发展，就可以成为各种施政行为的理由，不用过多考虑各种决策程序和操作程序，可以绕开各种法律的条条框框；认为依法办事条条框框多、束缚手脚，只要能办成事，什么办法都可以用。这种以发展的理由来衡量思考问题的思维方式，以合理性来代替合法性，其根源就是对法律的漠视。习近平总书记强调："领导干部要把对法治的尊崇、对法律的敬畏转化成思维方式和行为方式，做到在法治之下、而不是法治之外、更不是法治之上想问题、作决策、办事情。"[①] 尊崇法治就要树立法治思维，学会用法治思维思考问题，彻底摒弃人治思想和罔顾程序正义、丢弃规则规范、漠视权力边界的长官意志，牢固树立宪法法律至上、法律面前人人平等、权由法定、权依法使等基本法治观念，以法治方式定分止争，自觉约束手中权力，自觉践行依法执政，面对各种危害法治、破坏法治、践踏法治的行为敢于挺身而出、坚决斗争。

第二，学法是关键。学习是一种自我完善的能力，对于领导干部来说尤其重要，它是一种责任，更是一种态度，要端正学习的态度。学习不但可以提升干部的知识，更能提升干部的素质，增强创新的能力，只有不断地学习，才能更全面地认识法，理解法，运用法，才能提升领导干部的工作能力和执政水平。一要系统学习中国特色社会主义法治理论，准确把握我们党处理法治问题的基本立场。只有把中国特色社会主义法治理论学深学透了，才能全面把握我们党

[①] 习近平：《论坚持全面依法治国》，中央文献出版社2020年版，第141页。

在法治问题上的基本立场，才能知道我们所建设的中国特色社会主义法治是从哪里来，要往哪里去，才会清楚中国特色社会主义法治其本质就是人民的法治，是从人民的角度出发，一切是为了人民，其出发点和落脚点都是体现人民情怀的。要系统学习中国特色社会主义法治理论，准确把握我们党处理法治问题的基本立场，真正认识党的领导和依法治国的高度统一。要深入学习中央关于统筹推进科学立法、严格执法、公正司法、全民守法的一系列重大决策部署，做贯彻依法治国方略、推进依法治国工作的重要组织者、推动者和实践者。二要把学习宪法和党章作为首要任务。宪法是国家的根本大法，是党和人民意志的集中体现，具有最高的法律地位、法律权威、法律效力。特别是十三届全国人大一次会议表决通过的宪法修正案，把党中央确定的重大理论观点和重大战略部署载入国家根本法，把党和人民在实践中取得的重大理论创新、实践创新、制度创新成果上升为宪法规定，这是保证党和国家长治久安的顶层设计和制度安排，为新时代坚持和发展中国特色社会主义提供强有力的保障，为实现中华民族伟大复兴提供强有力的保障。广大党员领导干部一定要带着问题学，逐条逐章地看，身先士卒、以身作则，将尊崇宪法法律作为最基本的政治素质和法治素养，牢固树立宪法法律权威，逐渐形成对法律至上、公平正义、权力约束等价值判断的深刻认知和自觉追求，真正树立践行法治的价值观。《中国共产党章程》是我们党开展正规活动、规定党内事务的根本法规，是党的各级组织和全体党员必须遵守的基本准则和规定，具有最高党法、党内根本大法的效力，要原原本本地学，深刻把握其本质内涵、精髓要义、内在特点，虔诚而执着、至信而深厚，做到身有所正、言有所规、行有所止。三要学习同自己所担负的领导工作密切相关的法律法规。坚持勤学、真学、善学，把学习法律法规作为开展业务工作的有力支撑。尤其要弄明白法律规定怎么用权，心中高悬法律的明镜，手中紧握法律的戒尺，知晓为官做事的尺度。各级党委（党组）要把法律法规作为理论学习中心组学习的重要内容，带着问题学习，联系实际思考，在全面推进依法治国实践中灵活运用，推动学法常态化、制度化。

第三，守法是根本。依法治国是我国宪法确定的治理国家的基本方略，而能不能做到依法治国，还在于我们党能不能坚持依法执政，各级政府能不能依法行政，还在于领导干部能不能做守法护法的捍卫者，正所谓"奉法者强则国强，奉法者弱则国弱"。法律的权威源自人民的内心拥护和真诚信仰。习近平总书记强调："每个党政组织、每个领导干部必须服从和遵守宪法法律，不能把党的领导作为个人以言代法、以权压法、徇私枉法的挡箭牌"①，"一个干部能力有高低，但在遵纪守法上必须过硬，这个不能有差别。一个人纵有天大的本事，如果没有很强的法治意识、不守规矩，也不能当领导干部"②。领导干部要以身作则、以上率下，做到心中有法、虑必及法、行必依法，成为社会主义法治的忠实崇尚者、自觉遵守者、坚定捍卫者，从我做起、带头守法，自觉严格按照宪法法律来检验工作决策、落实过程和实际成效。要牢记法律红线不可逾越、法律底线不可触碰，带头遵守法律、执行法律，带头坚守宪法法律的尊严和权威，决不能让法治建设出现"破窗效应"，决不能让法律沦为"橡皮泥""稻草人"。要带头营造办事依法、遇事找法、解决问题用法、化解矛盾靠法的法治环境。遵循法治轨道，就不能跟着感觉走，说话做事要先考虑一下是不是合法，让遵纪守法变成一种习惯。要把功夫下在提高运用法治思维和法治方式想问题、作决策、办事情的能力上。守法律、重程序，牢记职权法定，保护人民利益，用权受监督，才能依法用好手中权力，做到"法立，有犯而必施；令出，唯行而不返"，在全社会营造办事依法、遇事找法、解决问题用法、化解矛盾靠法的法治环境。要敢于同违法乱纪行为和坏人坏事作斗争，面对"钻法律空子""打擦边球"的违法行为敢于亮剑，旗帜鲜明地对各种诋毁我国宪法法律的错误言论提出批驳，对一切违反宪法法律的现象勇于纠正，坚决维护社会主义法治的权威和尊严。

第四，用法是目的。法律的生命力在于实施。对领导干部而言，要做用法的模范，必须把功夫下在提高运用法治思维和法治方式想问题、作决策、办事

---

① 中共中央文献研究室：《习近平关于全面依法治国论述摘编》，中央文献出版社2015年版，第37页。
② 习近平：《论坚持全面依法治国》，中央文献出版社2020年版，第137页。

情的能力上。在推进依法行政、建设法治政府的过程中，领导干部要带头依法行政、依法办事，依法用权、依法履行职责，善于用法治思维和法治方式想问题作决策，把合不合法、合不合规作为决策的前置审查条件，最大限度防止决策不当、决策失误。绝不允许任何人凌驾于法律之上，要依法设定权力、规范权力、制约权力、监督权力，在法治的范畴内想民之所想、解民之所困、办民之所需，做到有法必依、执法必严，重大决策要科学民主、公开透明，接受群众和社会组织的广泛监督。领导干部要履行推进法治建设第一责任人的职责，统筹推进科学立法、严格执法、公正司法、全民守法。善于用法治思维和法治方式推动改革发展，自觉在法治基础上凝聚改革共识，用法治方式化解改革风险，确保改革于法有据、蹄疾步稳。强化法治在维护群众权益、调处利益关系中的权威地位，强化法治在化解社会矛盾、维护和谐稳定中的保障作用，做到法定职责必须为、法无授权不可为，不断提高社会治理的法治化水平。①

领导干部尊法学法守法用法，既靠自觉，也靠制度。要把能不能遵守法律、依法办事作为考察干部的重要内容，抓紧对领导干部推进法治建设实绩的考核制度进行设计，把法治素养好、依法办事能力强的干部用起来。落实党的十八届四中全会就此作出的一系列制度安排，就能为法治建设提供制度保障，推动各级领导干部在全面推进依法治国的实践中走在前列、干在实处。2016年，中组部、中宣部、司法部、人社部四部门日前联合印发了《关于完善国家工作人员学法用法制度的意见》，其中明确规定，"加强国家工作人员录用、招聘中法律知识的考察测试，增加公务员录用考试中法律知识的比重。定期组织开展国家工作人员法律考试，健全完善国家工作人员任职法律考试制度，推动以考促学、以考促用。对拟从事行政执法人员组织专门的法律考试，经考试合格方可授予行政执法资格。把学法用法情况列入公务员年度考核重要内容。领导班子和领导干部在年度考核述职中要围绕法治学习情况、重大事项依法决策情况、依法履职情况等进行述法。把法治观念、法治素养作为干部德才的重要内

---

① 人民日报评论员：《领导干部要做尊法学法守法用法的模范》，《人民日报》2015年02月09日。

容，把能不能遵守法律、依法办事作为考察干部的重要依据。探索建立领导干部法治素养和法治能力测评指标体系，将测评结果作为提拔使用的重要参考。把国家工作人员学法用法情况纳入精神文明创建内容，列入法治城市、法治县（市、区）创建考核指标，增加考核的分值权重"。各级党组织和各级领导干部一定要从全面依法治国的战略高度，充分认识尊法学法守法用法的重要性，进一步健全完善学法用法各项制度，带头尊法学法守法用法，切实提高运用法治思维和法治方式解决问题的能力，不断促进全社会树立法治意识、厉行法治，为建设社会主义法治国家作出应有贡献。

办好中国的事情，关键在党，关键在人。在法治工作队伍建设中，必须提高政治站位，强化问题导向，以案为鉴、以案促改，真管真严、敢管敢严、长管长严，做到从严治党不放松、正风肃纪不停步、反腐惩恶不手软，不断推进全面从严治党向纵深发展，确保各项工作取得实效。各级党组织和全体党员、各级领导班子和领导干部是法治工作队伍建设的重中之重，既要当好"排头兵"，发挥示范带头作用，又要当好"指挥官"，履行好主体责任，积极弘扬"四种精神"。

一要积极弘扬自我革命精神。勇于自我革命，是我们党最鲜明的品格，也是党永葆先进性的巨大动力。2017年2月13日，习近平总书记在省部级主要领导干部学习贯彻党的十八届六中全会精神专题研讨班上发表重要讲话指出："勇于自我革命，是我们党最鲜明的品格，也是我们党最大的优势。我们党之所以有自我革命的勇气，是因为我们党除了国家、民族、人民的利益，没有任何自己的特殊利益。不谋私利才能谋根本、谋大利，才能从党的性质和根本宗旨出发，从人民根本利益出发，检视自己；才能不掩饰缺点、不回避问题、不文过饰非，有缺点克服缺点，有问题解决问题，有错误承认并纠正错误。要兴党强党，就必须以勇于自我革命精神打造和锤炼自己。只有努力在革故鼎新、守正出新中实现自身跨越，才能不断给党和人民事业注入生机活力。"坚持建设德才兼备的高素质法治工作队伍的重要目的就是要着力解决党自身存在的突出问题，努力把我们党建设得更加坚强有力。为此，我们要注重党性锻炼。党性锻炼不是一朝一夕、一蹴而就的事情，是在革命斗争中不断成长、不断锤炼、不断升华的。从最初入党，到走上领导岗位，随着理论学习的不断深入、工作经历的不断丰富，我们的认识不断加深，思想也应逐渐升华，党性修养应不断提升，这是一个渐进的、逐步积累的过程。作为人民公仆，我们在党性修养上应该有更高的标准，不断加强思想改造、强化党性锻炼，始终在自我改进中完善提升。要敢于揭短亮丑。勇于发现问题、解决问题是我们党不断发展进步的一个重要法宝。要发扬这一优良传统，对自身存在的问题不遮不掩、不捂不盖，敢于自我批评、自我揭短、自我亮丑、自我检查，坚持眼睛向内、刀刃向己，把我们的问题找准找全、查深查细，并以壮士断腕的勇气和决心认真抓好整改。要打破固化思维。坚决冲破陈旧思想束缚，强化开拓进取、争创一流的精神，在工作中主动研究新事物、接受新观念、形成新思维，不断提升工作创造力，特别是要坚持问题导向，围绕制约队伍建设的障碍性问题，着力破解、立项攻坚，不断打破壁垒，力求实现突破。

二要积极弘扬敢于斗争精神。伟大的斗争精神是马克思主义者的宝贵品格，是我们前进道路上不能丢掉的精神武器。古人云，有志者事竟成。对于领导干部而言，之所以能够走上领导岗位、从事领导工作，为人民群众谋政创绩，与自身的斗志是分不开的。我们要始终保持自身坚强斗志，不断扫除思想尘埃，锻炼坚强党性，坚决克服精神懈怠危险，以永不懈怠的精神状态和一往无前的奋斗姿态，履行好新时代各项工作职责使命。我们要敢于动真碰硬。敢不敢动真碰硬，是斗争精神强弱的直接表现。作为领导干部，敢于动真碰硬，既是必备素质，又是必然要求。我们一定要坚持原则、坚持真理、坚持党性，绝对不当"老好人"。特别是在推进全面依法治国工作中，要履职尽责、敢抓敢管，做到严格问效、严肃追责、严明执纪，不断加强队伍纪律作风建设，坚决杜绝失之于宽、失之于软的情况，切实履行好主体责任。要提高斗争艺术。斗争是一门艺术，既要敢于斗争，又要善于斗争，要讲究方法、策略和艺术。要不断提升领导能力和领导水平，既要有兵来将挡、水来土掩、见招拆招的硬功夫，又要有四两拨千斤、借力发力、借势谋事的软办法。① 特别是在法治建设工作中，既要理直气壮地严格执法，又要理性平和地文明执法，坚持以法为据、以理服人、以情感人，努力实现最佳政治效果、法律效果和社会效果。

三要积极弘扬艰苦奋斗精神。习近平总书记强调，"中华民族伟大复兴，绝不是轻轻松松、敲锣打鼓就能实现的。全党必须准备付出更为艰巨、更为艰苦的努力"②。当前和今后一个时期，全党全国各项工作的奋斗目标已经明确，需要我们发扬艰苦奋斗精神，干字当头、奋勇争先。全体党员干部特别是各级领导干部人人有责任、人人要奋斗，发扬艰苦奋斗的优良传统，始终保持旺盛的革命斗志，保持只争朝夕、奋发有为的战斗姿态，以冲天的干劲践行初心、履行使命。要树立奋斗志向。面对云谲波诡的国际形势、复杂敏感的周边环境、艰巨繁重的改革发展稳定任务，要有长期奋斗的思想准备，矢志不渝地沿着习近平新时代中国特色社会主义思想指引的正确方向奋勇前进，下好先手棋、打好主动仗，全力做好各项工作，履行好职责使命。我们要增强奋斗本领，做到既政治过硬又本领高强，特别是我们每个人都要敢于走出"舒适区"，勇于超越自己，自觉把练就高强本领作为必修课，切实掌握实干巧干、肯干会干、创新创优的方式方法，把各项工作往深里做、往好里做。要保持奋斗姿态，始终保持一股"拼命三郎"的干劲、盯劲、咬劲，紧盯不放、锲而不舍，瞄准目标接续奋斗，一年接着一年干，一仗跟着一仗打，不能等、不能靠，不能拖、不能绕，以功成不必在我的精神境界和功成必定有我的历史担当，创造无愧于党和人民、经得起历史检验的优良业绩。

四要积极弘扬求真务实精神。求真务实是共产党人的重要思想和工作方法，抓落实是党的政治路线、思想路线、组织路线、群众路线的根本要求。坚持建设德才兼备的高素质法治工作队伍，要求我们必须坚持实事求是原则、发扬求真务实精神，坚决反对形式主义、官僚主义，切实做到谋实策、出实招、

---

① 《习近平在中央党校（国家行政学院）中青年干部培训班开班式上发表重要讲话强调　发扬斗争精神增强斗争本领　为实现"两个一百年"奋斗目标而顽强奋斗》，《人民日报》2019年09月04日。
② 习近平：《决胜全面建成小康社会　夺取新时代中国特色社会主义伟大胜利——在中国共产党第十九次全国代表大会上的报告》，《人民日报》2017年10月28日。

求实效。要在政治上做实，把增强"四个意识"、坚定"四个自信"、做到"两个维护"具体化，坚决防止把"两个维护"抽象化、概念化、口号化，真正使政治信仰立起来、政治生活严起来、政治纪律政治规矩紧起来、政治生态好起来、政治能力强起来。要在工作上做实，坚持问题导向，坚决查摆整改问题，逐项列出清单，明确整改时限，拿出时间表、路线图，坚持边查边改、即知即改。特别是不能以过程痕迹代替结果，把批了当办了、把说了当做了、把做了当做成了，而是要以解决问题的实际成效、群众的满意度作为评价工作得失根本标准。要在作风上做实，带头贯彻落实中央八项规定和实施细则精神，深入细致地搞调研，不图虚名、不务虚功，积极为基层减压减负，主动做好服务群众、服务基层各项工作，以勤勉务实的作风保障各项任务落实到位。

第二节　打造一支德才兼备、素质过硬的法治工作队伍

办好中国的事情，关键在党，关键在人。"关键在党"说的是中国共产党作为执政党在总揽全局、协调各方中的领导核心作用；"关键在人"说的是共产党员作为先锋队在执政兴国、干事创业中的引领表率作用。"正确的路线确定之后，干部就是决定性因素！"毛泽东同志的这句经典论述，充分表明党员干部在革命战争和社会主义现代化建设事业中的关键性作用。在不同的历史时期对党员干部要求是不一样的，评判一个党员是否是好党员、好干部的标准也是不一样的，这个要求标准是由每个历史时期我们党所面临的形势任务、所承担的职责使命所决定的。在革命战争年代，对党忠诚、英勇善战、不怕牺牲的就是好党员干部；在社会主义革命和建设时期，讲政治、懂业务、又红又专的就是好党员干部；在改革开放初期，拥护党的十一届三中全会确定的路线方针政策，有知识、有专业、锐意改革开放的就是好党员干部；在全面建设小康社会时期，政治上靠得住、工作上有本事、作风上过得硬、人民群众信得过的就是好党员干部。

随着中国特色社会主义进入新时代，党员干部也要适应新时代、担当新使命、实现新作为。新时代不仅给党和国家各项事业提出了新要求，同时也给各级党组织和全体党员提出了新要求。《中国共产党章程》第六章"党的干部"中明确规定：党的干部是党的事业的骨干，是人民的公仆，要做到忠诚干净担当。努力实现干部队伍的革命化、年轻化、知识化、专业化。党的各级领导干部必须信念坚定、为民服务、勤政务实、敢于担当、清正廉洁。《党政领导干部选拔任用工作条例》对党的领导干部要求是：建设"信念坚定、为民服务、勤政务实、敢于担当、清正廉洁"的高素质党政领导干部队伍。《中国共产党廉洁自律准则》对党员领导干部的要求是：廉洁从政，自觉保持人民公仆本色；廉洁用权，自觉维护人民根本利益；廉洁修身，自觉提升思想道德境界；廉洁齐家，自觉带头树立良好家风。

习近平总书记高度重视党员干部队伍建设，多次发表重要讲话，对党员干部队伍建设提出明确的要求。2013年6月28日，习近平总书记在全国组织工作会议上指出：好干部要做到信念坚定、为民服务、勤政务实、敢于担当、清正廉洁。2014年3月9日，习近平总书记在两会期间安徽代表团审议时关于推进作风建设的讲话中，提出"既严以修身、严以用权、严以律己，又谋事要实、创业要实、做人要实"，即"三严三实"。2015年1月12日，习近平总书记同中央党校第一期县委书记研修班学员进行座谈时强调：做县委书记就要做焦裕禄式的县委书记，始终做到"心中有党、心中有民、心中有责、心中有戒"的四有干部。2015年12月11日，习近平总书记在全国党校工作会议上的讲话中指出：培养造就一支具有铁一般信仰、铁一般信念、铁一般纪律、铁一般担当的"四个铁一般"干部队伍。2018年1月5日，在学习贯彻党的十九大精神研讨班开班式上，习近平总书记对中央委员会成员和省部级主要领导干部提出了信念过硬、政治过硬、责任过硬、能力过硬、作风过硬的五点要求。2018年7月3日，习近平总书记在全国组织工作会议上提出，新时代党的组织路线是全面贯彻新时代中国特色社会主义思想，以组织体系建设为重点，着力培养忠诚干净担当的高素质干部，着力集聚爱国奉献的各方面优秀人才，坚持德才兼备、以德为先、任人唯贤，为坚持和加强党的全面领导、坚持和发展中国特色社会主义提供坚强组织保证。2019年7月9日，习近平总书记在中央和国家机关党的建设工作会议指出，新形势下，中央和国家机关要以党的政治建设为统领，着力深化理论武装，着力夯实基层基础，着力推进正风肃纪，全面提高中央和国家机关党的建设质量，在深入学习贯彻党的思想理论上作表率，在始终同党中央保持高度一致上作表率，在坚决贯彻落实党中央各项决策部署上作表率，建设让党中央放心、让人民群众满意的模范机关。2021年9月1日，习近平总书记在2021年秋季学期中共中央党校（国家行政学院）中青年干部培训班开班式上发表重要讲话指出，年轻干部生逢伟大时代，是党和国家事业发展的生力军，必须练好内功、提升修养，做到信念坚定、对党忠诚，注重实际、实事求是，勇于担当、善于作为，坚持原则、敢于斗争，严守规矩、不逾底线，勤学苦练、增强本领，努力成为可堪大用、能担重任的栋梁之材，不辜负党和人民期望和重托。

　　新时代催生新思想，新时代赋予新要求。信念过硬、政治过硬、责任过硬、能力过硬、作风过硬这"五个过硬"，就是新时代共产党员特别是党员干部的基本标准和根本要求，党员干部必须要信念上立得牢、政治上靠得住、责任上扛得起、能力上干得成、作风上过得硬。为此，全体党员都要加强党性修养、筑牢信仰之基，加强政德修养、打牢从政之基，严守纪律规矩、夯实廉政之基，健全知识体系、强化能力之基，努力提升综合素质能力，提升适应新时代创新发展的本领能力。党员干部则要信念如磐、意志如铁、勇往直前，遇到挫折撑得住、关键时刻顶得住，扛得住重活、打得了硬仗、经得起磨难，沉下心来干工作、心无旁骛钻业务，干一行爱一行、钻一行精一行、管一行像一行。党员领导干部更要切实发挥示范表率作用，带头履职尽责，带头担当作为，带头承担责任，一级带着一级干、一级做给一级看，以担当带动担当，以作为促进作为，切实做到"五个过硬"。对全体党员干部来说，这"五个过硬"的具体要求如下。

　　一是切实做到信念过硬，带头做共产主义远大理想和中国特色社会主义共同理想的坚定信仰者和忠实实践者。中国共产党是有信仰的政党，共产党员是有信仰的群体。对马克思主义的信仰，对社会主义和共产主义的信念，是共产党人的政治灵魂，是共产党人经受住各种考验的精神支柱。只有信仰坚定、信念过硬的人，才能始终不渝、百折不挠，不论风吹雨打，不怕千难万险，坚定不移为实现既定目标而不懈奋斗。

二是切实做到政治过硬，树牢"四个意识"、坚定"四个自信"、做到"两个维护"，坚决贯彻执行党的理论和路线方针政策，注重提高政治能力，牢固树立政治理想，正确把握政治方向，坚定站稳政治立场，严格遵守政治纪律，加强政治历练，积累政治经验，自觉把讲政治贯穿于党性锻炼的全过程以及学习、工作、生活的各方面，使自己的政治能力与担任的职责任务相匹配。

三是切实做到责任过硬，树立正确政绩观，发扬求真务实、真抓实干的作风，以钉钉子精神担当尽责，真正做到对历史和人民负责。群众利益无小事，民生问题大于天。党员干部必须有责任重于泰山的强烈意识，坚持党的事业第一、人民利益第一，旗帜鲜明、立场坚定，对工作任劳任怨、尽心竭力，善始善终、善作善成。

四是切实做到能力过硬，不断掌握新知识、熟悉新领域、开拓新视野，全面提高领导能力和执政水平。党的干部是党的事业的骨干，是社会发展的决定性力量，只有党员干部发挥"头雁效应"的导向引领作用，才能更好地推进党的事业不断向前发展，才能更好地推进社会发展的不断进步。作为党员干部就是要带头深入学习、带头推进工作、带头遵纪守法，真正做到用学习指导实践，用实践推进工作，用工作成效诠释、践行党的理想信念宗旨。

五是切实做到作风过硬，把人民群众放在心中，广泛开展调查研究，在全心全意为人民服务中提高政治站位、提升工作能力，在真心实意向人民学习中拓展工作视野、丰富工作经验、提高理论联系实际的水平，在倾听人民呼声、虚心接受人民监督中自觉进行自我净化、自我完善、自我革新、自我提高，在服务人民中不断完善自己，持之以恒克服形式主义、官僚主义，久久为功祛除享乐主义和奢靡之风。

中国共产党立志于中华民族千秋伟业，百年恰是风华正茂，这"五个过硬"就是中国共产党永葆生机本色、焕发青春活力的基因组，是破译百年大党成功之道的精神密码。信念过硬方能行稳致远，政治过硬方能凝心聚气，责任过硬方能忠诚担当，能力过硬方能奋发有为，作风过硬方能矢志不渝。这"五个过硬"既是新时代好党员的鲜明特征，也是中国共产党人的亮丽底色；既是党中央对党的高级领导干部的根本要求，也是党中央对全体党员干部的殷切希望，为我们进一步推进全面从严治党、加强党的政治建设指明了方向、提供了遵循。"五个过硬"是一个有机联系的整体，信念过硬是根本，政治过硬是关键，责任过硬是重点，能力过硬是支撑，作风过硬是保证，每个"过硬"都有具体指向，都需要党员干部身体力行。党员干部要自觉做到信念过硬，深学笃用习近平新时代中国特色社会主义思想，带头做共产主义远大理想和中国特色社会主义共同理想的坚定信仰者和忠实实践者；要自觉做到政治过硬，坚定不移地紧跟中央、维护核心，时时处处事事同党中央保持高度一致；要自觉做到责任过硬，树立正确的政绩观，以新的精神状态和奋斗姿态开创事业发展新局面；要自觉做到能力过硬，把专业化作为努力方向，全面提高领导能力和执政水平；要自觉做到作风过硬，扎实开展兴调研转作风促落实行动，切实把增强"四个意识"、坚定"四个自信"、做到"两个维护"贯穿于工作和生活中的全过程和各方面。

2014年10月23日，习近平总书记在党的十八届四中全会上讲话指出，全面推进依法治国，建设一支德才兼备的法治工作队伍至关重要。2017年5月3日，习近平总书记在考察中国政法大学时进一步指出，建设法治国家，离不开一支高素质的法治工作队伍。不同于以往我们将从事执法、司法、律师等职业的人员称为"法律工作者""法律工作队伍"，习近平总书记站在全面依法治国、推进国家治理体系和治理能力现代化的高度，将其统一称为"法治队伍""法治工作队伍"，这本身就是一种巨大进步。① 根据习近平总书记的重要

---

① 习近平：《论坚持全面依法治国》，中央文献出版社2020年版，第115页。

讲话，法治队伍又可以进一步分为法治工作队伍（从事立法、执法、司法的法治工作者）、法律服务队伍（包括律师、公证、法律志愿服务、基层司法工作者等法律服务行业从业者）以及其他队伍（包括法学专家等其他从业者）。

法治工作队伍的德才兼备、素质过硬主要体现为以下几个方面。一要坚定理想信念。对法治工作队伍来说，坚定的理想信念是法治工作队伍的政治灵魂，必须把理想信念教育摆在法治工作队伍建设的第一位，坚持党的事业至上、人民利益至上、宪法法律至上。铸就"金刚不坏之身"，永葆忠于党、忠于国家、忠于人民、忠于法律的政治本色。二要坚持职业良知。法治工作队伍的职业良知，最重要就是执法为民、司法为民，要教育引导广大法治工作者自觉用职业道德约束自己，以不公不廉为最大耻辱，做到对群众深恶痛绝的事零容忍、对群众急需急盼的事零懈怠，树立惩恶扬善、执法如山的浩然正气。三要信仰法治、坚守法治。法治工作队伍要做到严格执法、公正司法，就必须信仰法治、坚守法治，信仰一旦坍塌，执法司法公正廉明便是一句空话，必须做到面对干扰坚定信仰不放松，面对诱惑坚守法治不动摇。四要加强纪律建设。法治工作的性质决定了法治工作队伍必须严明纪律，始终坚守政治纪律的底线，做维护和遵守各项纪律的模范和表率，教育引导广大法治工作者把遵守纪律铭刻在灵魂中、熔铸在血液里，以铁的纪律带出一支铁的法治工作队伍。五要加强业务建设。业务能力建设是队伍建设的重要方面。各级政法机关要把能力建设作为一项重要任务，坚持从源头抓起，加强和改进法学教育，改革和完善法律职业资格考试制度，建立健全法治工作者教育培训体系，提高工作本领，确保更好履行法治工作各项任务。六要加强作风建设。法治工作队伍的作风关系法治建设的成败，必须坚持法律面前人人平等，决不能对老百姓不理不睬，而对有钱有势的人却高看一眼。要以实际行动让人民群众切实感受到公平正义就在身边。

在内容上，法治工作队伍建设主要包括三个队伍建设：第一，打造"五个过硬"的法治工作队伍。从事立法、执法、司法工作的法治工作队伍是法治建设的重要队伍保障，实现国家治理体系和治理能力现代化，保障人民安居乐业、服务经济社会持续发展、维护国家安全和社会和谐稳定，离不开一支德才兼备、素质过硬的法治工作队伍。习近平总书记指出，实施依法治国基本方略，建设社会主义法治国家，必须有一支高素质队伍。要按照政治过硬、业务过硬、责任过硬、纪律过硬、作风过硬的要求，努力建设一支信念坚定、执法为民、敢于担当、清正廉洁的法治工作队伍。①第二，加强法律服务队伍及其他法治队伍建设。加强律师队伍建设。律师在维护当事人合法权益、推动法治建设方面有至关重要的作用。中国特色社会主义法治建设离不开一支优秀的律师队伍。经过20多年发展，我国律师队伍已经空前壮大，律师人数已达到32.8万人，律师事务所有2.6万个。习近平总书记指出，律师队伍是依法治国的一支重要力量，要大力加强律师队伍思想政治建设，把拥护中国共产党领导、拥护社会主义法治作为律师从业的基本要求。②第三，创新法治人才培养机制。立德树人、德法兼修。习近平总书记指出，中国特色社会主义法治道路的一个鲜明特点，就是坚持依法治国和以德治国相结合，强调法治和德治两手抓、两手都要硬。③法学教育要坚持立德树人，不仅要提高学生的法学知识水平，而且要培养学生的思想道德素养。大力加强学科体系建设。法学学科体系建设对于法治人才培养至关重要。我们的国家治理有其他国家不可比拟的特殊性和复杂性，也有我们自己长期积累的经验和优势，在法学学科体系建设上要有底气、有自信。要以我为主、兼收并蓄、突出特色，深入研究和解决好为谁教、教什么、教给谁、怎样教的问题，努力以中国智慧、中国实践为世界法治文明建设作出贡献。对世界上的优秀法治文明成果，要积极吸收借鉴，也要加以甄别，有选择地吸收和转化，不能囫囵吞枣、照搬照抄。加强实践教学。法学学科是实践性很强的学科，法学教育要处理好知识教学和实践教学的关系。要打破高校和社会之间的体制壁垒，将实际工作部门的优质实践教学资源引进高校，加强法学教育、法学研究工作者和法治实际工作者之间的交流。法学专业教师要坚定

---

① 中共中央文献研究室：《习近平关于全面依法治国论述摘编》，中央文献出版社2015年版，第99页。
② 习近平：《加快建设社会主义法治国家》，《求是》2015年第1期。
③ 习近平：《论坚持全面依法治国》，中央文献出版社2020年版，第165页。

理想信念,带头践行社会主义核心价值观,在做好理论研究和教学的同时,深入了解法律实际工作,促进理论和实践相结合,多用正能量鼓舞激励学生。①

第三节　把党的建设与法治工作队伍建设结合起来推进

习近平总书记指出,要按照政治过硬、业务过硬、责任过硬、纪律过硬、作风过硬的要求,努力建设一支信念坚定、执法为民、敢于担当、清正廉洁的法治队伍。这些重要论述,为新时期法治队伍建设提供了基本遵循。法治队伍建设要始终坚持以党的建设引领法治工作队伍建设,通过加强党的思想、组织和作风建设,发挥党员的先锋模范作用,切实提高队伍的凝聚力、战斗力和创造力。一要始终把信念坚定作为法治建设队伍的政治灵魂,把理想信念教育摆在第一位,永葆法治建设队伍忠于党、忠于国家、忠于人民、忠于法律的政治本色。以社会主义核心价值体系为主导,用发展着的马克思主义武装头脑。扎实开展好党的群众路线教育实践活动,筑牢执法为民的思想根基。加强纪律教育,特别是严明党的组织纪律,健全完善请示报告制度,坚决整治慵懒散奢之风,以铁的纪律带出一支铁的队伍。二要加强法治建设主体的党风廉政建设和反腐败工作。以零容忍态度坚决惩治腐败,加强案件查处工作,切实做到发现一起、查处一起,坚决清除队伍中的害群之马。要持之以恒落实中央八项规定精神,坚持不懈纠正"四风"问题,树立良好形象,让群众真切感受到新作风、新气象。三要积极推进法治建设队伍的专业化和职业化。党的十九大报告提出,要建设高素质专业化干部队伍。党的二十大报告强调,建设堪当民族复兴重任的高素质干部队伍。在法治建设中,要坚持实施人才战略,严格实行职业准入制度,切实保证新进人员具有较高素质;加强培养人才的投入,造就一批智能型、专家型高层次人才,探索建立符合法治建设特点的人员管理制度;完善逐

---

① 《习近平在中国政法大学考察时强调　立德树人德法兼修抓好法治人才培养　励志勤学刻苦磨炼促进青年成长进步》,《人民日报》2017年05月04日。

级遴选制度，形成法治建设人才自下而上有序流动的机制；推动完善符合各类法治建设人才职业特点的工作保障措施，认真落实相关政策规定。

建设一支信念坚定、执法为民、敢于担当、清正廉洁的法治工作队伍，要深入贯彻落实习近平新时代中国特色社会主义思想，着力锻造绝对忠诚于以习近平同志为核心的党中央、党和人民满意的高素质党员队伍，以刀刃向内、刮骨疗毒的坚定态度，着力纯净思想、纯洁组织、纯正生态，以更高的政治站位、更强的责任担当、更严的标准要求，扎扎实实提高素质、建好队伍、守好初心、担好使命，全面开创新时代法治工作队伍建设新局面，以优异成绩为全面建设社会主义现代化国家、全面推进中华民族伟大复兴作出新的贡献。

从历史上看，党的历次集中教育活动，都以思想教育打头，着力解决学习不深入、思想不统一、行动跟不上的问题，既绵绵用力又集中发力，推动全党思想上统一、政治上团结、行动上一致。2019年5月31日，习近平总书记在"不忘初心、牢记使命"主题教育工作会议上指出，要牢牢把握守初心、担使命，找差距、抓落实的总要求，努力实现理论学习有收获、思想政治受洗礼、干事创业敢担当、为民服务解难题、清正廉洁作表率的具体目标。开展"不忘初心、牢记使命"主题教育，就是要认真贯彻新时代党的建设总要求，奔着问题去，以刮骨疗伤的勇气、坚忍不拔的韧劲坚决予以整治，同一切影响党的先进性、弱化党的纯洁性的问题作坚决斗争，努力把我们党建设得更加坚强有力。2021年2月20日，习近平总书记在党史学习教育动员大会上讲话指出，在全党开展党史学习教育，就是要教育引导全党深刻认识红色政权来之不易、新中国来之不易、中国特色社会主义来之不易，深刻认识中国共产党为什么能、马克思主义为什么行、中国特色社会主义为什么好，不断坚定"四个自信"，不断增强历史定力，增强做中国人的志气、骨气、底气。

因此，我们要充分认识到新形势下全面从严治党的极端重要性和紧迫性，举一反三，检身正己，深刻对照检查，自觉锤炼党性，时刻保持政治清醒和政治警觉，牢固树立正确政绩观、权力观和价值观，始终牢记共产党人的初心和使命，始终保持对人民群众的赤子之心，不断推进党的建设工作和法治工作队伍建设向纵深发展。首先，要持续深化学习习近平新时代中国特色社会主义思想，进一步武装广大党员干部头脑，打牢思想根基、筑牢作风防线。紧紧抓住德才兼备、素质过硬这一根本要求，坚持把学习贯彻习近平新时代中国特色社会主义思想作为长期坚持、常抓不懈的政治要求，纳入政治必修课、培训必学课，持续在学懂弄通做实上下功夫。充分发挥党委（党组）理论学习中心组学习"头雁效应"，教育引导法治工作队伍增强"四个意识"、坚定"四个自信"、做到"两个维护"，进一步筑牢遵规守纪的思想防线，确保行动一致、令行禁止。其次，坚持把落实习近平总书记纠正"四风"系列重要指示作为重大政治任务，坚决遏制"四风"问题隐形变异和反弹回潮。把纠"四风"、改作风、树新风落实到日常工作和法治工作队伍建设的全方位、全过程，坚持把全面从严治党不断引向深入。坚决落实以人民为中心的发展思想，着力解决人民群众对我们工作中最盼、最急、最忧、最怨的突出问题，在打好脱贫攻坚战及服务基层、服务群众等方面，制定切实可行的工作措施，有力有序推动落实。认真落实中央八项规定及其实施细则，严格遵守各项条规禁令，真正把纪律规矩立起来、严起来。最后，通过深化作风纪律专项整治，推动中央和上级决策部署全面落实。紧紧扭住"以案为鉴、以案促改"这一重点，围绕主责主业，进一步细化工作目标，分解任务落实，强化责任追究，认真落实中央八项规定及实施细则，持续整治表态多调门高、行动少落实差和庸政懒政怠政等顽症痼疾，狠抓反面典型，开展警示教育，强化纪律作风经常性教育，健全廉政党课、警示教育制度，教育引导广大党员养成纪律作风自觉，切实做到守纪律、强作风、知敬畏，把日常工作实际成效作为检验合格共产党员的"四个意识""四个自信""两个维护"的重要标准。

党的十八大以来，党中央严肃查处多个违纪违法案件，彰显了全面从严治党的坚定决心。多个违法违纪人员信念丧失，严重违反政治纪律、组织纪律、工作纪律、廉洁纪律，我们必须坚持以案为鉴、以案明纪、一案一剖析、一案一警示。一直以来，我们坚持把深入开展警示教育作为重大政治任务，取得了明显成效，队伍的政治素养、能力素质、精神面貌和纪律作风发生了明显变化。

但也要清醒认识到，从目前情况看，一些党员干部还存在思想认识不到位，极少数党员仍没有认清危害，这些问题对全体队伍的影响是消极的、危害是巨大的，全体党员干部必须保持清醒认识、引起高度重视，从内心深处知敬畏、存戒惧、守底线。要坚持正本清源、挖根除弊，始终保持行动上的绝对纯洁，进一步加强新时代党员队伍政治建设，是坚持和加强党对我们工作的绝对领导、全面领导，确保工作政治方向正确的必然要求；是立足新时代、把握新要求，切实完成好党和人民赋予的职责使命的必然要求。要聚焦深入学习贯彻习近平新时代中国特色社会主义思想这条主线，以融会贯通、深入党心、落地生根为目标，在学深悟透、务实戒虚、整改提高上持续发力。认真学习宣传《中国共产党政法工作条例》，严守党的政治纪律和政治规矩，切实增强政治自觉、思想自觉、行动自觉，着力营造全面从严治党的强劲态势和浓厚氛围。广大党员干部要旗帜鲜明讲政治，牢牢把握政治属性、政治立场、政治原则、政治标准，认真贯彻落实新时代党的建设总要求，深入贯彻《中共中央关于加强党的政治建设的意见》，深刻认识党的政治建设是党的根本性建设，把讲政治要求贯穿始终，围绕把准政治方向、坚持党的政治领导、夯实政治根基、涵养政治生态、防范政治风险、永葆政治本色、提高政治能力，切实加强队伍政治建设，毫不动摇地坚持和加强党的绝对领导、全面领导，坚决维护习近平总书记党中央的核心、全党的核心地位，坚决维护党中央权威和集中统一领导，努力造就一支信念坚定、敢于担当、清正廉洁的新时代党员干部队伍。

第十一讲　坚持抓住领导干部这个"关键少数"

全面从严治党关键是要抓住领导干部这个"关键少数",全面依法治国也必须要抓住领导干部这个"关键少数"。各级领导干部要坚决贯彻落实党中央关于全面依法治国的重大决策部署,带头尊崇法治、敬畏法律,了解法律、掌握法律,不断提高运用法治思维和法治方式深化改革、推动发展、化解矛盾、维护稳定、应对风险的能力,做尊法学法守法用法的模范。要力戒形式主义、官僚主义,确保全面依法治国各项任务真正落到实处。

第一节　抓"关键少数"是推进全面依法治国的关键环节

为政之要,首在用人。实现中华民族伟大复兴的中国梦关键在党,关键在人。建设一支对党忠诚、个人干净、敢于担当的干部队伍,不仅是新时期党对干部工作的新要求,也是推进全面依法治国的重要保障。党的十八大以来,中央高度重视领导干部队伍建设,习近平总书记就如何打造合格干部队伍,尤其是领导干部,发表了多次讲话。2013年6月,习近平总书记在全国组织工作会议上首次提出了好干部的"五条标准":"好干部要做到信念坚定、为民服务、勤政务实、敢于担当、清正廉洁。"2014年1月,习近平总书记在中央政法工作会议上指出:"要按照政治过硬、业务过硬、责任过硬、纪律过硬、作风过硬的要求,努力建设一支信念坚定、执法为民、敢于担当、清正廉洁的政法队伍。"2015年12月,习近平总书记在全国党校工作会议上要求干部必须有"铁一般信仰、铁一般信念、铁一般纪律、铁一般担当"。习近平总书记还特别重视理想信念的要求,指出:"理想信念坚定,是好干部第一位的标准,是不是好干部首先看这一条。"同时还指出担当的重要性,"领导干部不担当,就是对党的不忠诚",等等。

党的十九大报告指出:"注重培养专业能力、专业精神,增强干部队伍适应新时代中国特色社会主义发展要求的能力。"2018年1月5日,在学习贯彻党的十九大精神研讨班开班式上,习近平总书记对中央委员会成员和省部级主要领导干部提出了信念过硬、政治过硬、责任过硬、能力过硬、作风过硬的五点要求。2018年6月29日,习近平总书记在中共中央政治局第六次集体学习时强调,党的政治建设落实到干部队伍建设上就要不断提高各级领导干部特别是高级干部把握方向、把握大势、把握全局的能力,辨别政治是非、保持政治定力、驾驭政治局面、防范政治风险的能力,善于从政治上分析问题、解决问题。各级领导干部特别是高级干部要练就一双政治慧眼,不畏浮云遮望眼,切实担负起党和人民赋予的政治责任。2018年7月12日,习近平总书记对中央和国家机关推进党的政治建设作出重要指示:中央和国家机关首先是政治机关,必须旗帜鲜明讲政治,坚定不移加强党的全面领导,坚持不懈推进党的政治建设。希望中央和国家机关各级党组织和广大党员干部牢固树立"四个意识",坚定"四个自信",带头维护党中央权威和集中统一领导,在深入学习贯彻新时代中国特色社会主义思想上作表率,在始终同党中央保持高度一致上作表率,在坚决贯彻落实党中央各项决策部署上作表率,建设让党中央放心、让人民群众满意的模范机关。2019年5月31日,习近平总书记在"不忘初心、牢记使命"主题教育工作会议上强调,要牢牢把握守初心、担使命,找差距、抓落实的总要求,牢牢把握深入学习贯彻新时代中国特色社会主义思想、锤炼忠诚干净担当的政治品格、团结带领全国各族人民为实现伟大梦想共同奋斗的根本任务,努力实现理论学习有收获、思想政治受洗礼、干事创业敢担当、为民服务解难题、清正廉洁作表率的具体目标。2020年10月10日,习近平总书记在2020年秋季学期中共中央党校(国家行政学院)中青年干部培训班开班式上指出，干部特别是年轻干部要提高政治能力、调查研究能力、科学决策能力、改革攻坚能力、应急处突能力、群众工作能力、抓落实能力，勇于直面问题，想干事、能干事、干成事，不断解决问题、破解难题。① 2022年10月16日，习近平总书记在党的二十大报告中指出，加强实践锻炼、专业训练，注重在重大斗争中磨砺干部，增强干部推动高质量发展本领、服务群众本领、防范化解风险本领。加强干部斗争精神和斗争本领养成，着力增强防风险、迎挑战、抗打压能力，带头担当作为，做到平常时候看得出来、关键时刻站得出来、危难关头豁得出来。

这些重要论述深刻阐明了新时代建设高素质专业化干部队伍的重要性、必要性和前瞻性。首先，加强干部队伍建设为确保中国共产党长期执政提供有力的组织保障。党的干部在整个党的事业中居于重要地位。党的十八大报告提出"两个一百年"奋斗目标，提出实现中华民族伟大复兴的中国梦，提出并形成了全面建设小康社会、全面深化改革、全面依法治国、全面从严治党"四个全面"战略布局。这些国家阶段性目标好比承载在一台推车上，推动车子爬坡过坎靠的就是党，靠的是党领导下的干部队伍。因此，加强干部队伍建设始终关系到执政党的地位问题，关系到党和国家事业发展的根本问题，选好用好人将为中国共产党长期执政提供强有力的组织保证。其次，加强干部队伍建设是将党和国家形象、公信力的具体化。老百姓感知执政党，了解执政党，除了看执政党的路线方针、政策政令，最直观的观察角度和感知角度就是身边的公务员，看身边的干部，特别是看党的领导干部和高级领导干部。社会的每个人都生活在一定的组织或社区里，每个人都或多或少地要与政府机关的干部打交道，或受相关的干部领导，党员干部在履行公职时的一言一行，不再是代表具体的自然人，而是执政党的具体形象的代表。因此，可以说干部队伍是执政党的人格化体现，干部的口碑直接关系着群众对执政党的评价，直接关系着对执政党的好恶。最后，加强干部队伍建设是事关国家长治久安和社会可持续发展的重大

---

① 《习近平在中央党校（国家行政学院）中青年干部培训班开班式上发表重要讲话强调 年轻干部要提高解决实际问题能力 想干事能干事干成事》，《人民日报》2020年10月11日。

战略任务。千秋大业在用人，事业兴衰在干部，为政之要惟在用人、用干部。培养好干部，提高干部队伍素质，走活干部这盘棋，建设一支政治上靠得住、工作上有本事、作风上过得硬、人民群众信得过的干部队伍，是经济社会发展的必然选择，具有重大的战略意义。

高素质专业化干部队伍是伟大工程的重要组成部分，新时代下加强干部队伍建设，就要不断增强干部自我净化、自我完善、自我革新、自我提高的能力。习近平总书记提出了好干部的"五条标准"：信念坚定、为民服务、勤政务实、敢于担当、清正廉洁。这也是新时代高素质干部队伍的鲜明特征。一是领导干部要有信念坚定的政治品格。习近平总书记曾在《之江新语》中指出，党员干部要坚定理想信念，树立明确的政治方向，遵守鲜明的政治原则，珍惜个人的政治生命，以形成内在的"定力"。天下之德，莫过于忠。在新时代下，干部要时刻用党章和共产党员标准要求自己，提升党性修养，深刻领悟"两个确立"的决定性意义，增强"四个意识"，坚定"四个自信"，做到"两个维护"，矢志不渝听党话、跟党走、爱党忠党，坚决在政治立场、政治方向、政治原则、政治道路上同以习近平同志为核心的党中央保持高度一致。二是领导干部要有为民服务的政治情怀。习近平总书记指出，我们党来自人民、植根人民、服务人民，党的根基在人民、血脉在人民、力量在人民，失去了人民拥护和支持，党的事业和工作就无从谈起。只有扑下身子办好民生实事，推动解决群众反映强烈的实际问题，我们党和国家的事业才能得到人民群众的广泛支持，我们必须常怀公仆情怀，践行为民服务宗旨，无论何时何地，都要把群众的利益和愿望放在头等位置，坚持人民主体地位，牢固树立"权为民所用、利为民所谋、情为民所系"的执政理念。坚持"问政于民、问需于民、问计于民"，主动深入群众、深入基层，强化为民要求的工作作风、为民谋利的发展思路，不断增强为民服务意识。三是领导干部要有勤政务实的政治勇气。勤政务实始终是做好一个干部"永恒不变"的主题，碰到阻力、硬骨头，要始终有着咬定青山不放松、不达目的不罢休的精神。要始终牢记"为民服务无小事"，努力践行真抓实干，踏踏实实做事，用有限的生命绽放无限的光彩。新时代下的干部要主动履职尽责，理清工作思路，切实把日常业务、改革创新等责任扛在肩上；要勤于学习，坚决落实党中央的新政策新部署，做到细节分析与宏观谋划并重，大力弘扬改革创新精神，推进改革开放再出发，让创新创造的活力竞相迸发涌流。四是领导干部要有敢于担当的政治作风。工作有难易，能力有高低，关键是看党员干部能不能勇敢承担起自身责任。作为党的事业的中坚力量，党员干部必须具有攻坚克难的勇气、无私奉献的境界，要牢固树立在其位谋其政、勇挑重任的意识，在工作中时刻不忘岗位职责，尽责、担责。新时代干部要积极上进，勇于担当，在风浪考验面前大胆前行，在诱惑面前立场坚定，敢于担负重任、敢于冲锋在前，做一名忠诚干净担当的人民公仆。五是干部要有清正廉洁的政治意识。清正廉洁是对人的行为及道德修养的基本要求，更是党员干部执政操守的核心，是应有的基本政治品格，是从政道德的原则和底线，需要每一名党员干部持之以恒地加以坚守。新时代好干部必须要把个人思想廉政建设放在首位，主动提高自己的政治站位，进一步严把廉洁从业之"门"，严守行业作风之"规"，时刻自重自省自警自励，老实做人、踏实干事、清白为官，警惕和纠正"四风"问题，严格执行中央八项规定精神，不断巩固风清气正的从政环境和政治生态。

党的十八大以来，习近平总书记曾多次强调全面依法治国必须抓住领导干部这个"关键少数"，强调要坚持加强党对依法治国的领导，坚持人民主体地位，坚持中国特色社会主义法治道路，坚持建设中国特色社会主义法治体系，坚持依法治国、依法执政、依法行政共同推进，法治国家、法治政府、法治社会一体建设，坚持依宪治国、依宪执政，坚持全面推进科学立法、严格执法、公正司法、全民守法，坚持处理好全面依法治国的辩证关系，坚持建设德才兼备的高素质法治工作队伍，坚持抓住领导干部这个"关键少数"，明确了全面依法治国的指导思想、发展道路、工作布局、重点任务。这些新理念新思想新战略，是全面依法治国的根本遵循，必须长期坚持、不断丰富发展。

中国共产党是执政党，要保障我们党长期执政，必须坚持从严治党、依法治权。全面从严治党关键在严，要害在治，这就需要强化法治意识、规则意识，依法规范权力的运行,加强对权力的监督。其核心是依法维护中央权威,确保中央政令畅通。党的十八届六中全会指出,要完善权力运行制约和监督机制,形成有权必有责、用权必担责、滥权必追责的制度安排。

具体而言,依法治权、依规治党要做到以下两方面。一方面,权力要受到宪法和法律的约束。宪法第5条规定:"一切国家机关和武装力量、各政党和各社会团体、各企业事业组织都必须遵守宪法和法律。一切违反宪法和法律的行为,必须予以追究。任何组织或者个人都不得有超越宪法和法律的特权。"《中国共产党章程》也在总纲中强调:"党必须在宪法和法律的范围内活动。"我们党是执政党,能不能坚持依法执政,能不能正确领导立法、带头守法、保证执法,对全面推进依法治国具有重大作用。所以,依法执政是依法治国的关键。实行依法执政首先要求党必须依据宪法法律治国理政。坚持依法执政,就意味着对权力的监督必须法治化,形成监督的长效机制,不会因时间的推移和人事的变动而发生变化。另一方面,权力要受到党内法规的约束。要管理好一个有着9800多万名党员的大党,传统管理方式有诸多不适应的地方。在新的历史时期,党面临的内外部环境日趋复杂,面临的自身建设任务日益加重,这些变化都对中国共产党的领导方式和执政方式提出了更高的要求,客观上都需要依据党内法规体系管党治党。国有国法,党有党规,依法治国、依法执政既要求党依据宪法、法律治国理政,也要求党依据党内法规管党治党。习近平总书记指出,要"尊崇党章,严格执行准则和条例"。党内法规是对全体党员和党组织行为标准的要求,而法律则是对全体社会成员行为标准的要求,党内法规所要求的行为标准要严于法律。《中国共产党廉洁自律准则》和《中国共产党纪律处分条例》明确了党员的高标准和管党治党的纪律戒尺。宪法、法律是保证党依法执政的依据,党内法规则是管党、治党的规则依据。只有将法律、党规有机结合,才能为全面从严治党提供制度保障,也为全面推进依法治国奠定坚实基础。

全面依法治国、从严依规治党的重点是党员领导干部。任何宏伟的目标都是在解决现实问题中一步步实现的,越是任务艰巨、矛盾复杂,越要靠"关键少数"发挥关键作用。无论是在革命战争年代、和平建设时期，还是在改革开放新时期，一代代优秀共产党人鞠躬尽瘁、以身作则、率先垂范，始终把自己的个人命运与国家、民族的兴衰紧密联系在一起，用自己的辛勤汗水、聪明才智，乃至热血和生命，赢得了广大人民群众的爱戴、信任和拥护，产生了巨大的感召力、凝聚力，为我们党的事业顺利推进、兴旺发达提供了榜样力量和精神宝库。"火车跑得快，全靠车头带。"作为领导干部，我们决不能浮在面上、挂在口头上，决不能"手电筒只照别人不照自己"，决不能把自己当旁观者，而是要当好干事创业的践行者、示范者，引导广大党员干部见贤思齐，使学先进、当先进、赶超先进成为时代风尚。

中国共产党的领导是中国特色社会主义的本质特征，是中国特色社会主义制度的最大优势，党是最高政治领导力量。我们党是执政党，一些领导干部不仅担任党内职务，同时执掌了公权力，为了保证其依法行使权力，必须要通过法律约束公权力，这也是法治所具有的规范公权的应有内容。从严治党、依法治权的重点是"关键少数"，这就要求党员领导干部必须牢固树立法治意识，培育崇尚法治、尊敬法治、尊崇法治、严格依法办事的理念和习惯，始终对法律怀有敬畏之心，牢记法律红线不可逾越、法律底线不可触碰，严格在宪法法律范围内行使职权，不得违法行使权力，任何人不得享有宪法和法律规定以外的特权。必须坚持依法行政，法不授权不可为，法定职权必须为。党员领导干部要带头守法，做遵守法律的模范，在全社会起到示范作用。① 从严治党、依法治权还要破解一把手监督的难题，各级领导班子中的一把手是"关键少数"中的"关键少数"，领导干部责任越重大、岗位越重要，就越要加强监督。我国行政诉讼法规定了"被诉行政机关负责人应当出庭应诉"的制度，从法律角度强化了对行政首长的监督。为了确保党员领导干部依法行使职权，还必须健全问责机制，坚持有责必问、问责必严。不明确责任、不落实责任、不追究责任，就很难真正实现从严治党。民心是最大的政治，正义是最强的力量。治国

---

① 习近平：《论坚持全面依法治国》，中央文献出版社2020年版，第135页。

必先治党，治党务必从严。全面从严治党，必须依法治权，抓住"关键少数"，全面推进依法治国，为全面从严治党提供长期、有效的制度保障。

1. 全面依法治国要抓"关键少数"是由法治的固有特性和内在规律所决定的。法治的精神就在于约束公权力和保障私权利。法国思想家孟德斯鸠曾言："一切有权力的人都容易滥用权力，这是万古不易的一条经验。有权力的人使用权力一直到遇有界限的地方方才休止。"2015年2月2日，习近平总书记在省部级主要领导干部学习贯彻党的十八届四中全会精神全面推进依法治国专题研讨班上讲话指出："如果法治的堤坝被冲破了，权力的滥用就会像洪水一样成灾。"历史证明，"法治优于一人之治"，法治作为一项使"人类行为服从规则治理的事业"，其基本原则之一便是"官方行为与法律的一致性"。故法治建设从领导干部抓起就是要掌权者树立法治的权力观，突出权力行使的有限性与程序性，凡事必须在既定程序及法定权限内运行，这正是法治国家的基本内涵。

2. 全面依法治国要抓"关键少数"是由领导干部在法治建设中的作用所决定的。"法之不行，自上犯之"，商鞅变法之所以取得成功，是因为其通过"徙木立信"的方式，确立了法令对统治阶层普遍约束的公信力。领导干部是全面推进依法治国的重要组织者、推动者、实践者，对全社会具有重要的示范带动作用。民"以吏为师"，领导干部是否依法用权，人民群众看在眼里、记在心上，并且会在自己的行动中效法。"其身正，不令自行；其身不正，虽令不从。"只有领导干部牢固树立宪法法律至上、法律面前人人平等、权由法定、权依法使的基本法治观念，才能带动全社会形成办事依法、遇事找法、解决问题靠法的良好法治环境，才能使人们服从规则治理。管理学中的二八定律表明，只要牢牢抓住占百分之二十的领导干部这个"关键少数"，就抓住了法治建设的重点，从而提升法治建设整体水平。

3. 全面依法治国要抓"关键少数"是国家治理体系和治理能力现代化的题中应有之义。全民共建共治共享的社会治理格局是由党委领导、政府主导、社会协同、公众参与、法治保障所构成，从管理到治理的转变体现了多元交互共治的理念，这意味着政府不单只是治理主体，而且也是被治理对象。在新的社会治理格局中，必须理顺政府与社会之间的关系，形成科学有效的权力运行和制约机制，在法治轨道内追求善治。因此，国家治理体系和治理能力现代化首先是要求党委和政府的治理能力现代化，要求领导干部提高社会管理法治化水平，运用法治思维和法治方式调节社会关系、维护社会秩序、解决社会问题、规范发展行为。

改革开放以来，特别是党的十五大提出依法治国、建设社会主义法治国家以来，我国社会主义法治建设取得了重大成就，各级领导干部在推进依法治国、建设法治国家进程中发挥了重要作用。领导干部不但要做尊法学法守法用法的模范，更要自觉将推动全社会树立法治意识、增强全民法治观念扛在肩上、记在心上、落在行动上。要通过带头推进全民普法、带头尊法学法、模范守法用法的行动和努力，不断增强人民群众对法律的内心拥护和真诚信仰，切实增强全社会厉行法治的积极性和主动性，形成守法光荣、违法可耻的社会氛围，使尊法、信法、守法、用法、护法成为全体人民的共同追求。

1. 带头尊崇法治、敬畏法律。 每个领导干部都要深刻认识到，维护宪法法律权威就是维护党和人民共同意志的权威，捍卫宪法法律尊严就是捍卫党和人民共同意志的尊严，保证宪法法律实施就是保证党和人民共同意志的实现。每个领导干部都要牢固树立宪法法律至上、法律面前人人平等、权由法定、权依法使等基本法治观念，对各种危害法治、破坏法治、践踏法治的行为要挺身而出、坚决斗争。对领导干部的法治素养，从其踏入干部队伍的那一天起就要开始抓，加强教育、培养自觉，加强管理、强化监督。

2. 带头了解法律、掌握法律。 尊法学法是守法用法的前提。领导干部要系统学习中国特色社会主义法治理论，准确把握我们党处理法治问题的基本立场。首要的是学习宪法，还要学习同自己所担负的领导工作密切相关的法律法规。各级领导干部尤其要弄明白法律规定怎么用权，什么事能干、什么事不能干，心中高悬法律的明镜，手中紧握法律的戒尺，知晓为官做事的尺度。

3. 带头遵纪守法、捍卫法治。 领导干部要牢记法律红线不可逾越、法律底线不可触碰，带头遵守法律执行法律，带头营造办事依法、遇事找法、解决问题用法、化解矛盾靠法的法治环境。谋划工作要运用法治思维，处理问题要运用法治方式，说话做事要先考虑一下是不是合法。党纪国法不能成为"橡皮泥""稻草人"，违纪违法都要受到追究。

4. 带头厉行法治、依法办事。领导干部要把对法治的尊崇、对法律的敬畏转化成思维方式和行为方式，做到在法治之下、而不是法治之外、更不是法治之上想问题、作决策、办事情。党政主要负责人要履行推进法治建设第一责任人职责，统筹推进科学立法、严格执法、公正司法、全民守法。要把能不能遵守法律、依法办事作为考察干部的重要内容，相同条件下优先提拔使用法治素养好、依法办事能力强的干部。

第二节　领导干部要做尊法学法守法用法的模范

干事创业，关键在人。1938年在党的六届六中全会上，毛泽东同志明确指出，"政治路线确定之后，干部就是决定的因素"，并提出"才德兼备"的干部标准和"任人唯贤"的干部路线。邓小平同志明确指出，"中国的稳定，四个现代化的实现，要有正确的组织路线来保证"，并且提出了干部队伍"四化"方针。历史充分证明，正确的组织路线是我们党发展壮大的重要法宝，是党和国家事业胜利前进的坚强保证。党领导人民治理国家、推进全面依法治国的伟大事业中，各级领导干部肩负着重要责任。作为具体行使党的执政权和国家立法权、行政权、司法权的人，各级领导干部在很大程度上决定着全面依法治国的方向、道路、进度。党领导立法、保证执法、支持司法、带头守法，主要是通过各级领导干部的具体行动和工作来体现、来实现。习近平总书记多次指出，必须抓住领导干部这个"关键少数"，引导领导干部带头依法办事，带头遵守法律，维护宪法法律权威，保证宪法法律实施。各级领导干部必须提高运用法治思维和法治方式的能力，努力以法治凝聚改革共识、规范发展行为、促进矛盾化解、保障社会和谐。中共中央办公厅、国务院办公厅于2016年也专门印发了《党政主要负责人履行推进法治建设第一责任人职责规定》，这就要求领导干部把对法治的尊崇、对法律的敬畏转化成思维方式和行为方式，做到在法治之下、而不是法治之外、更不是法治之上想问题、作决策、办事情。因此，各级领导干部在推进依法治国方面肩负着重要责任，全面依法治国必须抓住领导干部这个"关键少数"。

2012年12月4日，习近平总书记在首都各界纪念现行宪法公布施行30周年大会上发表重要讲话，指出："各级党组织和党员领导干部要带头厉行法治，不断提高依法执政能力和水平，不断推进各项治国理政活动的制度化、法律化。各级领导干部要提高运用法治思维和法治方式深化改革、推动发展、化解矛盾、维护稳定能力，努力推动形成办事依法、遇事找法、解决问题用法、化解矛盾靠法的良好法治环境，在法治轨道上推动各项工作。"

2013年2月23日，习近平总书记在主持十八届中央政治局第四次集体学习时讲话指出："各级领导干部要带头依法办事，带头遵守法律，对宪法和法律保持敬畏之心，牢固确立法律红线不能触碰、法律底线不能逾越的观念，不要去行使依法不该由自己行使的权力，也不要去干预依法自己不能干预的事情，更不能以言代法、以权压法、徇私枉法，做到法律面前不为私心所扰、不为人情所困、不为关系所累、不为利益所惑。不懂这个规矩，就不是合格的干部。"

2014年1月7日，习近平总书记在中央政法工作会议上的讲话中，对政法机关运用法治思维和法治方式开展法治建设提出了具体要求。他强调，各级领导干部要带头依法办事，带头遵守法律，牢固确立法律红线不能触碰、法律底线不能逾越的观念，不要去行使依法不该由自己行使的权力，更不能以言代法、以权压法、徇私枉法。

2015年2月2日，习近平总书记在省部级主要领导干部学习贯彻党的十八届四中全会精神全面推进依法治国专题研讨班开班式上的讲话中指出，领导干部要牢记法律红线不可逾越、法律底线不可触碰，带头遵守法律、执行法律，带头营造办事依法、遇事找法、解决问题用法、化解矛盾靠法的法治环境。

谋划工作要运用法治思维，处理问题要运用法治方式，说话做事要先考虑一下是不是合法。领导干部要把对法治的尊崇、对法律的敬畏转化成思维方式和行为方式，做到在法治之下、而不是法治之外、更不是法治之上想问题、作决策、办事情。党纪国法不能成为"橡皮泥""稻草人"，违纪违法都要受到追究。

2015年10月29日，习近平总书记在党的十八届五中全会第二次全体会议上的讲话中再次要求："要更加自觉地运用法治思维和法治方式来深化改革、推动发展、化解矛盾、维护稳定，依法治理经济，依法协调和处理各种利益问题，避免埋钉子、留尾巴。"

2016年11月2日，习近平总书记在党的十八届六中全会上指出，新形势下加强和规范党内政治生活，重点是各级领导机关和领导干部，关键是高级干部特别是中央委员会、中央政治局、中央政治局常务委员会的组成人员，高级干部特别是中央领导层组成人员必须以身作则，模范遵守党章党规，严守党的政治纪律和政治规矩，坚持不忘初心、继续前进，坚持率先垂范、以上率下，为全党全社会作出示范。

2017年10月18日，习近平总书记在党的十九大报告中强调指出，各级党组织和全体党员要带头尊法学法守法用法，任何组织和个人都不得有超越宪法法律的特权，绝不允许以言代法、以权压法、逐利违法、徇私枉法。

2018年8月24日，习近平总书记在中央全面依法治国委员会第一次会议上讲话指出，坚持抓住领导干部这个"关键少数"。领导干部具体行使党的执政权和国家立法权、行政权、监察权、司法权，是全面依法治国的关键。领导干部必须带头尊崇法治、敬畏法律，了解法律、掌握法律，遵纪守法、捍卫法治，厉行法治、依法办事，不断提高运用法治思维和法治方式深化改革、推动发展、化解矛盾、维护稳定的能力，做尊法学法守法用法的模范，以实际行动带动全社会尊法学法守法用法。

2020年2月5日，习近平总书记在中央全面依法治国委员会第三次会议上讲话指出，各级党组织和党员、干部要强化依法治国、依法执政观念，提高运用法治思维和法治方式深化改革、推动发展、化解矛盾、维护稳定、应对风险的能力。

2020年5月29日，习近平总书记在十九届中央政治局第二十次集体学习时指出，各级领导干部要做学习、遵守、维护民法典的表率，提高运用民法典维护人民权益、化解矛盾纠纷、促进社会和谐稳定能力和水平。

2022年10月16日，习近平总书记在党的二十大报告中指出，发挥领导干部示范带头作用，努力使尊法学法守法用法在全社会蔚然成风。

习近平总书记的这些重要论述，着眼各级领导干部肩负的重要责任，直指一些领导干部在法治意识和实际工作中存在的突出问题，对各级领导干部在全面推进依法治国进程中发挥引领带动作用提出了明确要求。不可否认，改革开放以来，各级领导干部在推进依法治国进程中发挥了重要作用，我国的法治环境、法治氛围和法治水平不断提升。但也要看到，在现实生活中，一些领导干部的法治素质还不够高、法治意识还不够强、法治思维还没有形成，以言代法、以权压法、徇私枉法的陋习在有的领导干部头脑中仍存在。有的不屑学法、心中无法，有的以言代法、以权压法，有的执法不严、粗暴执法，有的干预司法、徇私枉法，有的则利欲熏心、贪赃枉法。在他们眼里，"什么法不法，老子就是法"，法律只不过是治理百姓的工具，依长官意志执政天经地义，他们并不是不懂法，而是缺乏对法律的尊重和敬畏。那些落马的腐败分子，哪一个不是从无视以致践踏党纪国法开始犯罪的？古人云"法之不行，自于贵戚"。事实表明，领导干部当中存在的这些问题，不仅恶化了一些地方和单位的政治生态，更影响了党和政府的形象和威信，损害了政治、经济、文化、社会、生态文明领域的正常秩序。这些问题不解决，全面依法治国就难以真正落实。所有领导干部都必须警醒起来，坚决纠正和解决法治不彰的问题。对于法治建设，领导干部既可以起到关键推动作用，也可能起到致命破坏作用。领导干部必须牢记法律红线不可逾越、法律底线不可触碰，自觉把对法治的尊崇、对法律的敬畏转化成谋划工作时的法治思维、处理问题时的法治方式，做到在法治之下、而不是法治之外、更不是法治之上想问题、作决策、办事情。只有把权力关进制度的笼子里，权由法定、权依法使，让各级领导干部尊崇宪法、敬畏法律、信仰法治，自觉为全社会作出表率，我们才能朝着法治中国的目标扎实迈进。

第三节　把依规治党贯穿全面从严治党全过程

党的十八大以来，以习近平同志为核心的党中央坚持党要管党、从严治党，坚定不移推进党风廉政建设和反腐败斗争，突出强调政治纪律和政治规矩、组织纪律，加大反腐惩恶力度，注意党纪与国法有效衔接，着力解决管党治党和执行纪律失之于宽、失之于松、失之于软的问题。习近平总书记强调，必须坚持依法治国与制度治党、依规治党统筹推进、一体建设。这一论断意义重大而深远，深刻揭示了依规治党和依法治国的内在联系，进一步丰富了全面依法治国的内涵，是习近平法治思想的重要内容，是对马克思主义国家理论、政党理论、法治理论的创新发展，是对中国特色社会主义理论体系的最新贡献。

首先，从国家治理体系现代化的角度看，国家治理体系实际上就是国家制度体系，中国特色社会主义国家治理体系主要由党内法规制度体系和国家法律制度体系构成。推进国家治理体系现代化，就必须同时推进党内法规制度体系和国家法律制度体系现代化。党的十八届六中全会进一步加强党内法规制度建设，站在治党治国相统一的政治高度，提出国家监察体制改革的重大战略部署，强化了党对反腐败斗争的集中统一领导，推动形成党内党外反腐败全覆盖、无禁区，依法治国与依规治党统筹推进、一体建设的全新政治局面。这是推进国家治理体系和治理能力现代化的伟大实践，是我们党长期执政和国家长治久安的根本保障。

其次，从建设中国特色社会主义法治体系的角度看，建设中国特色社会主义法治体系，既要形成完备的法律规范体系，又要形成完善的党内法规制度体系。没有完善的党内法规制度体系，法治体系就不可能完备有效；没有完备的国家法律体系以及法律制度作后盾，法治体系就缺乏必要的刚性和强制力。党的十八届四中全会把加强和完善党的领导作为全面推进依法治国的核心内容，把依规治党纳入依法治国的体系之中，使得中国特色社会主义法治体系既包括国家法律体系，也包括党内法规制度体系。

最后，党的领导是中国特色社会主义最本质的特征，坚持中国特色社会主义法治道路，最根本的是坚持中国共产党的领导。党的领导地位和执政地位决定了党的建设与国家治理的统一性、融合性、一体性，国家治理体系建设首先是强化党在国家治理体系中的领导作用，国家治理能力现代化首先是党的执政能力现代化，也必然决定了全面从严治党与全面依法治国的一致性。党要履行好执政兴国的重大历史使命、赢得具有许多新的历史特点的伟大斗争胜利、实现党的长期执政和国家的长治久安，必须坚持依法治国与制度治党、依规治党统筹推进、一体建设。

在性质上，党内法规是党的各级组织和全体党员的行动纲领和行为规则，是维护党的团结统一、完成党的任务的根本保证。国家法律是党领导人民制定的体现人民意志的行为规范，是所有组织和全体公民的基本行为指引。由我国的国体、政体和党的性质、宗旨所决定，国家法律和党内法规都是党和人民意志的制度化、规则化，在本质属性上具有高度一致性。统筹推进依法治国与依规治党，需要着力关注以下四个方面的问题：一是要全面准确认识党内法规制度体系的性质，使国家法律与党内法规相互协调、相互补充；二是要坚持宪法修改与党章修改相协调，使宪法的原则规则与党章规定的党和国家指导思想、路线、方针、政策、目标任务等保持一致；三是要实现国家法律和党内法规立改废释常态化，及时消除二者之间的矛盾冲突，提高党内立规和国家立法的科学化、民主化、法治化水平；四是要建立和完善依规治党与依法治国统筹协调体制机制，使党委法规工作部门和国家法治工作部门有效衔接、形成合力。①

国家法律与党内法规的衔接协调有一个最基本的原则，就是党内法规制度建设必须坚持以宪法为最高依据、以党章为根本遵循，即坚持"宪法至上、党章为本"原则。在中国特色社会主义法治体系中，宪法是根本法；在党内法规

---

① 张文显：《统筹推进依法治国与依规治党意义重大》，《人民日报》2017年05月02日。

制度体系中,党章是根本法。由于党内法规体系是中国特色社会主义法治体系的重要组成部分,因而,宪法不仅是国家法律体系的根本法,同时还是党内法规制度体系的最高法。党章明确规定:"党必须在宪法和法律的范围内进行活动。"这样,以宪法为共同依据,依法治国与制度治党、依规治党得以有机融合。因此,在制定党内法规的时候,也必须在宪法和法律的范围内进行活动,中国共产党制定的党内法规都是符合宪法和法律的。治国必先治党,治党务必从严,从严必依法度。习近平总书记创造性地将全面从严治党纳入"四个全面"战略布局,将党内法规体系建设纳入依法治国的内容之中,国家法律与党内法规形成了良性的协调互补关系,依法治国与依规治党相互促进,相互补益,共同构建了中国特色社会主义法治大厦。

2012年11月15日,习近平总书记在十八届中央政治局常委与中外记者见面时说,新形势下,我们党面临着许多严峻挑战,党内存在着许多亟待解决的问题,尤其是一些党员干部中发生的贪污腐败、脱离群众、形式主义、官僚主义等问题,必须下大气力解决。全党必须警醒起来。打铁还需自身硬。我们的责任,就是同全党同志一道,坚持党要管党、从严治党,切实解决自身存在的突出问题,切实改进工作作风,密切联系群众,使我们的党始终成为中国特色社会主义事业的坚强领导核心。"打铁还需自身硬"是我们党的庄严承诺,全面从严治党是我们党立下的军令状。习近平总书记在上任伊始,就将对民族的责任、对人民的责任、对党的责任,落脚到从严治党、使党始终成为坚强领导核心上,在我们党百年历史上首次提出"全面从严治党",既是时代发展的必然趋势,也是伟大事业和伟大工程的必然要求,体现了以习近平同志为核心的新一届党中央推行全面从严治党的魄力和决心,具有重大现实意义和深远历史影响。

之所以要强调全面从严治党,是因为党的生死关乎国家存亡。从世界范围来看,政党政治是当今世界的主流政治形态。一个国家的主要政党尤其是执政党的宗旨、主张与政治诉求影响着国家的制度形态和发展理念。中国共产党是中国的执政党,是最高政治领导力量。基于党的特殊地位,党从执政之初起就特别注重党内建设工作，通过不断加强和改进党的建设，巩固党的领导地位。改革开放以来，面对日趋复杂的国际形势和不断发展变化的国内环境，中国共产党坚持以马克思主义原理和中国特色社会主义理论体系为指导，全面推进党的建设新的伟大工程，科学判断和准确把握我们党所处的历史方位和肩负的历史使命，紧密联系治国理政实践，大力加强党的执政能力建设和先进性建设，进一步提高了党的领导水平和执政水平，进一步提高了拒腐防变和抵御风险能力。在过去的40多年里，我们党在改革开放中茁壮成长，领导全国各族人民取得举世瞩目的巨大成就。在做好经济社会建设的同时，党的建设也常抓不懈，取得显著成绩。应当说，当前党的领导水平和执政能力基本适应了经济社会发展的要求。但是，我们也应该清醒地看到，在新形势下，我们党不仅担负着团结带领全国人民全面建设社会主义现代化强国、实现中华民族伟大复兴的历史重任，而且面临着执政考验、改革开放考验、市场经济考验、外部环境考验四大考验，存在着精神懈怠的危险、能力不足的危险、脱离群众的危险、消极腐败的危险四大危险，需要解决好"提高党的领导水平和执政水平、提高拒腐防变和抵御风险能力"两大重大课题。从党的建设角度来看，坚持从严治党，坚决反对腐败，是党必须始终抓好的重大政治任务。

在这种背景下，以习近平同志为核心的党中央高度重视党的制度建设和党风廉政建设，提出要坚持全面从严治党和依规治党紧密结合，强调要善于运用法治思维和法治方式反对腐败，加强反腐败国家立法，加强党内法规建设，让法律制度刚性运行，深刻阐明了用法治思维和法治方式管党治党、治国执政的重要性。党的依法执政，既包括党依据国家法律法规治国理政，也包括党依据党内法规管党治党。在管党治党实践中，党中央以零容忍的高压态势严惩腐败，坚持制度反腐、彻底反腐、科学反腐，将任性恣意的权力有效地关进制度的牢笼里，使得制度建设成为治国执政的主题，在全面从严治党中发挥着根本性的支撑保障作用。2015年3月5日，习近平总书记参加十二届全国人大三次会议上海代表团审议时专门强调指出："全面从严治党，要坚持思想建党和制度治党紧密结合，全方位扎紧制度笼子，更多用制度治党、管权、治吏。"

用法治思维和法治方式管党治党、治国执政最主要的就是用党内法规来管党治党，用党内法规来治国执政。从出台中央八项规定到制定《中国共产党巡视工作条例》，从修订出台《中国共产党廉洁自律准则》《中国共产党纪律处分条例》到制定《中国共产党问责条例》，再到党的十八届六中全会上审议通过的《关于新形势下党内政治生活的若干准则》和《中国共产党党内监督条例》，再到党的十九大、党的二十大修改《中国共产党章程》，我们党始终将全面从严治党与依规治党相结合，把党内法规作为全面从严治党的制度支撑、重要保障和根本遵循，集中整饬党风，严厉惩治腐败，大力推进党内法规制度建设，开辟了全面从严治党的新格局，推动管党治党取得新成效、党风政风展现新气象。

治国必先治党，治党务必从严，从严必有遵循，党内法规正是我们管党治党、治国执政的基本遵循。正如习近平总书记所说："从严治党，最根本的就是要使全党各级组织和全体党员、干部都按照党内政治生活准则和党的各项规定办事。"[1] 全面从严治党与依规治党相结合，体现了治标和治本的统筹兼顾、自律和他律的双管齐下，表明我们党对新形势下党的建设规律、治国理政规律有了新探索、新认识、新创见。《中国共产党章程》《关于新形势下党内政治生活的若干准则》《中国共产党廉洁自律准则》《关于改进工作作风、密切联系群众的八项规定》《中国共产党党内监督条例》《中国共产党巡视工作条例》《中国共产党纪律处分条例》《中国共产党问责条例》《中国共产党纪律检查机关监督执纪工作规则》和《中国共产党党委（党组）理论学习中心组学习规则》等一系列重要党内法规的修订出台，意味着党内法规制度体系中的基础性、骨干性、支柱性党内法规已经基本齐全，标志着党内法规制度体系框架基本形成，为形成完善的党内法规体系打下了坚实的基础。

在全面从严治党的法规体系中，这些基础性、骨干性、支柱性党内法规之间存在密切的有机联系，这种联系也是全面从严治党内在的运行逻辑，即全面

---

[1] 中共中央纪律检查委员会、中共中央文献研究室：《习近平关于党风廉政建设和反腐败斗争论述摘编》，中央文献出版社2015年版，第46页。

从严治党以《中国共产党章程》为根本遵循，以《关于新形势下党内政治生活的若干准则》《中国共产党廉洁自律准则》《关于改进工作作风、密切联系群众的八项规定》为基础要求，依据《中国共产党党内监督条例》对党内政治生活和廉洁自律情况和作风建设情况进行全面监督，注重发挥《中国共产党巡视工作条例》的监督利剑功能。对于监督中发现的违规违纪问题，依照《中国共产党纪律处分条例》给予相应的纪律处分，同时对负有管党治党责任的党组织尤其是党员领导干部，依据《中国共产党问责条例》进行问责。不论是监督执纪还是问责处理，都要严格按照《中国共产党纪律检查机关监督执纪工作规则》规定的程序流程进行。在这个逻辑运行过程中，理论学习贯穿始终，为全面从严治党提供坚强有力的思想保证。各级党员领导干部都要严格按照党中央要求，认真学党章党规，不断增强政治意识、大局意识、核心意识、看齐意识，做到政治合格、执行纪律合格、品德合格、发挥作用合格，确保党的组织充分履行职能、发挥核心作用，确保党员领导干部忠诚干净担当、发挥表率作用，确保广大党员党性坚强、发挥先锋模范作用。

在全面依法治国条件下，管党治党要靠党规党纪，坚持纪严于法、纪在法前，实现纪法分开，用严明的纪律管住全体党员。党的十八大以来，我们党出台了很多党内法规制度，始终坚持全面从严治党与依规治党相结合，始终把党内法规作为全面从严治党的制度支撑、重要保障和基本遵循。全面从严治党与依规治党相结合，体现了治标和治本的统筹兼顾。如果说"打虎""拍蝇"等反腐行动是治标的话，形成"不敢腐、不能腐、不想腐"的制度机制则就是治本。新时代的党内法规建设同时还体现了自律和他律的双管齐下。自律是内心的自觉，中国共产党是先锋队，党员是先进分子，要自觉地、模范地遵守国家法律、政治纪律和政治规矩、党内法规；他律是外在的约束，是指违反党纪党规进行的处分、问责、监督。依法治国与依规治党、制度治党相结合，充分表明我们党对新形势下党的建设规律、治国理政规律有了新探索、新认识、新创见。伴随着党内法规制度体系的不断发展和完善，党内法规在全面从严治党中的地位和作用会越来越突出、明显。

党内法规建设是一项系统工程，要牢牢把握正确政治方向，坚持目标导向和问题导向，坚持整体推进和重点突破结合，坚持制定和实施并重，扎实推进党内法规制度建设各项工作。新时代的党内法规建设需要遵循以下几个原则。首先，制度是前提，制度完备才能行之有矩。所以，党内法规建设的前提是有规可依，这就要求加大党内法规制度的制定力度。现在，虽然党内法规的数量相对已经不少了，但是从全面从严治党的法规体系来说，仅仅是搭起了一个框架，距离形成完善的党内法规体系还有不小差距。因此，需要继续加强党内法规制度建设，大力推进党内法规体系化进程。其次，执行是关键，执行到位才能令行禁止。党内法规制度制定出来之后，必须确保能够行之有效。"一分部署，九分落实"，法规制度再多，如果发挥不了应有的制度约束力、执行力就是毫无意义的空气震动。再次，人才是基础，人才兴则事业兴。党内法规相对于国家法律法规体系来说，毕竟还是一个新鲜事物。相对于国家法律研究，从事党内法规研究的人还不是太多，因此，要大力加强党内法规队伍建设，加大对党内法规研究力度，为党内法规建设提供人才保障。[①] 最后，组织是保证，领导有力才能抓出实效。党内法规建设作为管党治党的制度依据，主要是靠各级党委（党组）的重视。有了党的坚强领导，党内法规建设才能取得更大的进展。

---

① 李忠：《党内法规建设研究》，中国社会科学出版社2015年版，第102页。

本书在编写过程中参考了专家学者的观点、论述和精神，但限于本书体例没有一一注明，在此表示感谢和致歉。本书部分内容系合作完成，中国海洋大学科学技术处宋欣博士，上海交通大学马克思主义学院周望博士，中央财经大学法学院李伟博士、于文豪博士，中国劳动关系学院法学系郭辉博士，最高人民法院环境资源审判庭仇彦军同志，福建省委宣传部张健博士，天津市委宣传部研究室赵均同志，盈科律师事务所高级合伙人林森律师，北京市君永律师事务所刘志鹏律师，参与了书稿写作，对书稿内容进行审读，提出了修改意见，在此表示感谢。同时，由于著者学识水平有限，书中肯定存在不少疏漏甚至错误之处，恳请广大读者和有关专家不吝批评指正。

秦强

2023 年 6 月

后 记

　　法治是治国理政的基本方式，是人类政治文明的重要成果，是现代治理的基本手段。基于法治在国家治理中的重要地位和突出作用，党的十九大报告强调指出，全面依法治国是国家治理的一场深刻革命，是中国特色社会主义的本质要求和重要保障，必须坚持厉行法治，推进科学立法、严格执法、公正司法、全民守法。党的二十大报告进一步强调，全面依法治国是国家治理的一场深刻革命，关系党执政兴国，关系人民幸福安康，关系党和国家长治久安。必须更好发挥法治固根本、稳预期、利长远的保障作用，在法治轨道上全面建设社会主义现代化国家。2020年11月16日，党中央召开了中央全面依法治国工作会议，明确提出全面依法治国要以习近平法治思想为指导，强调推进全面依法治国要围绕建设中国特色社会主义法治体系、建设社会主义法治国家的总目标，坚持党的领导、人民当家作主、依法治国有机统一，以解决法治领域突出问题为着力点，坚定不移走中国特色社会主义法治道路，在法治轨道上推进国家治理体系和治理能力现代化，为全面建设社会主义现代化国家、全面推进中华民族伟大复兴提供有力法治保障。

　　本书以习近平新时代中国特色社会主义思想为指导，以新时代中国特色社会主义法治建设为背景，以习近平法治思想为主线，对全面依法治国的指导思想以及深入推进全面依法治国需要重点抓好的十一个方面的工作要求进行了全面梳理和专题研究，对广大党员干部和读者进一步系统了解习近平法治思想的丰富内涵、深刻理解全面依法治国战略布局的重大意义、切实增强法治中国建设的信念信心、提高全党全社会的法治意识和法治素养具有较好的帮助指导作用。